Die Deutschprofis A1.1

Kurs- und Übungsbuch mit Audios und Clips online

von Olga Swerlowa

auf der Basis von
„Das neue Deutschmobil 1“ von
Jutta Douvitsas-Gamst und
Sigrid Xanthos-Kretzschmer

Ernst Klett Sprachen
Stuttgart

Autorin Olga Swerlowa (auf der Basis von „Das neue Deutschmobil 1“ von Jutta Douvitsas-Gamst und Sigrid Xanthos-Kretzschmer)
Beratung Prof. Dr. Kerstin Reinke, Leipzig (Phonetik); Luisa Friederici, Medellín; Seyda Iskender, Izmir; Despina Nafpliotou, Annette Roidis, Athen
Redaktion Nóra Kóczián, Enikő Rabl
Redaktionelle Mitarbeit Stefanie Plisch de Vega; Ondrej Kotas, Berlin
Gestaltungskonzeption Marion Köster und Katrin Kleinschrot, Stuttgart
Herstellung Claudia Stumpfe
Satz Marion Köster, Stuttgart; Katja Schüch, Kirchheim/Teck; Regina Krawatzki, Stuttgart
Illustrationen Zoltán Jécsai, Budapest; András Baranyai B., Budapest (S. 16–17, 22); Vera Brüggemann, Bielefeld (S. 14, 21)
Umschlaggestaltung Sabine Kaufmann
Reproduktionen Meyle + Müller, Medien-Management, Pforzheim; Corinna Rieber, Druckvorstufe, Marbach; Andreas Kunz

Zu diesem Buch gibt es Audios und Clips, die mit der Klett-Augmented-App geladen und abgespielt werden können.

Klett-Augmented-App kostenlos downloaden und öffnen	**Seiten mit Audios oder Clips** scannen	Audios oder Clips laden, direkt nutzen oder speichern

Scannen Sie diese Seite für weitere Komponenten zu diesem Titel.

Die Audios und die Clips sowie Online-Übungen sind auch unter **www.klett-sprachen.de/deutschprofis-online** zu finden.

1. Auflage 1 [11] [10] [9] | 2024 23 22

Druck und Bindung Gebr. Geiselberger GmbH, Altötting

ISBN: 978-3-12-676476-6

9 783126 764766

MIX
Papier aus verantwortungsvollen Quellen
FSC® C105048

SO LERNST DU MIT DEN DEUTSCHPROFIS

Im **Kursbuch** findest du Aufgaben zu Lesen, Hören, Sprechen und Schreiben.
Nach 6 Lektionen trainierst du das Gelernte.

SPIEL

Diese Aufgaben machst du mit einem Mitschüler / einer Mitschülerin.

Diese Aufgaben löst ihr in der Gruppe.

1.29 Auf www.klett-sprachen.de/deutschprofis-online kannst du alle Hörtexte anhören …

Clip … und Clips zur Grammatik ansehen.
Die Sätze kannst du selbst nachlegen.
(→ Kopiervorlagen im Lehrerhandbuch)

16 Im **Übungsbuch** übst du Grammatik und Wortschatz.
Auf den Ich-Buch-Seiten kannst du kreativ werden und Texte gestalten.

Mit dem **Wörterheft** lernst du die Wörter leichter.

Online kannst du noch mehr üben:
Übungen zu jeder Lektion gibt es auf
www.klett-sprachen.de/deutschprofis-online.

Im **Testheft** überprüfst du, was du schon kannst, und trainierst für Prüfungen.

INHALT KURSBUCH

	Kommunikation	Grammatik	Phonetik, Rhythmus, Lieder	
1 SO KLINGT DEUTSCH				**7**
	Vornamen und Tiernamen lesen • das Abc • Namen und Wörter buchstabieren • internationale Wörter erkennen		kurze und lange Vokale, Silben und Wortakzent • Rap mit den Deutschprofis • Das ABC-Lied	
2 HALLO, DAS BIN ICH				**15**
	begrüßen und verabschieden • sich und andere vorstellen • auf die Frage *Wie geht's?* reagieren		Akzent und Rhythmus • Begrüßungsrap • Vorstellungsrap • Lied: *Hallo, wie geht's?*	
3 DAS MACHE ICH GERN				**25**
	Aktivitäten benennen • über Hobbys sprechen • bis 10 zählen	Fragen: *Wer? Was?* • Personalpronomen *ich, du, er / sie* • regelmäßige Verben und Verben auf *-z, -s, -ß* und *-t, -d* • das Verb *sein* • Konnektoren *und, oder*	E-Laute und I-Laute • Zahlenreim • Rap: *Was machst du gern?* • akustisches Rätsel	
4 MEINE FAMILIE				**35**
	Familienmitglieder benennen • über Familie und Freunde sprechen • bis 20 zählen	bestimmter Artikel *der, das, die* • unbestimmter Artikel *ein, eine* • Possessivartikel *mein/e, dein/e* • Personalpronomen *sie* (Plural) • Genitiv-*s* bei Eigennamen • Präposition *von* (Zugehörigkeit) • Ja/Nein-Frage	O-Laute und U-Laute • Satzmelodie in Frage- und Aussagesatz	
5 DAHER KOMME ICH				**45**
	Name, Alter, Herkunft, Sprache angeben • eine Person interviewen und vorstellen • Zahlen verstehen und bis 100 zählen	Fragen: *Woher?* • Ortsangaben: *in, aus* • unregelmäßige Verben • das Verb *mögen* • Verneinung mit *nicht* • Wortbildung: feminine Berufsbezeichnungen auf *-in*	Ö-Laute und Ü-Laute	
6 MEINE SCHULSACHEN				**55**
	Schulsachen benennen und beschreiben • Farben und Eigenschaften • Dinge zählen • etwas kaufen	Negativartikel *kein, keine* • die Verben *haben* und *brauchen* • Nomen im Akkusativ • Nomen im Plural • Fragen: *Wie viele?*	Flüsterlaute (schwaches *e* am Ende des Wortes) • Reim zu den Farben • Gedicht: *Ich nehme in die Schule mit*	
Mach dich fit 1–6	Hören, Lesen, Schreiben, Sprechen			**65**

INHALT ÜBUNGSBUCH

1 SO KLINGT DEUTSCH 70

2 HALLO, DAS BIN ICH 76

3 DAS MACHE ICH GERN 84

4 MEINE FAMILIE 92

5 DAHER KOMME ICH 100

6 MEINE SCHULSACHEN 108

MIT SPIEL ANS ZIEL 1–6 116

Lösungen zum Würfelspiel 120

Mein Ich-Buch 121

Alphabetische Wörterliste 127

DEINE AUFGABEN IM KURSBUCH

HÖREN

Hör zu.
Hör noch einmal.
Hör das Lied. Sing mit.
Was hörst du? Wähl aus.

SEHEN, LESEN

Zeig auf das Bild.
Sieh die Fotos an.
Lies den Text.

SCHREIBEN

Sortiere die Wörter.
Was fehlt? Ergänze.
Was passt? Ergänze.
Ordne die Bilder zu.
Ordne den Dialog.
Schreib den Dialog richtig.
Bau Sätze.
Schreib einen Text.
Notiere.

SPRECHEN

Sprich nach.
Lies vor.
Fragt und antwortet.
Sprecht wie im Beispiel.
Spielt den Dialog.
Mach ein Interview.
Antworte.
Erzähle.
Vergleiche.
Lös das Rätsel.
Mach das Buch zu.
Dein/e Mitschüler/in kontrolliert.

1 SO KLINGT DEUTSCH

Nico und Lara,
Luca und Klara,

Nils, Tom und Brit,
kommt alle mit!

Macht euch schlau
mit den Profis und Wau.

Deutsch macht fit,
lernt alle mit!

Das lernst du:
Vokale (kurz und lang),
Silben, Wortakzent ·
das Abc · buchstabieren ·
internationale Wörter

1 a. **Hört die Namen. Zeigt auf das Bild.** 1
1.1

1.2 b. RAP **Hört zu. Summt mit. Sprecht mit.**

NAMEN UND VOKALE

Ẹmma Emil

2 1.3

a. Hör zu. Achte auf den Unterschied: kurz und lang. 2

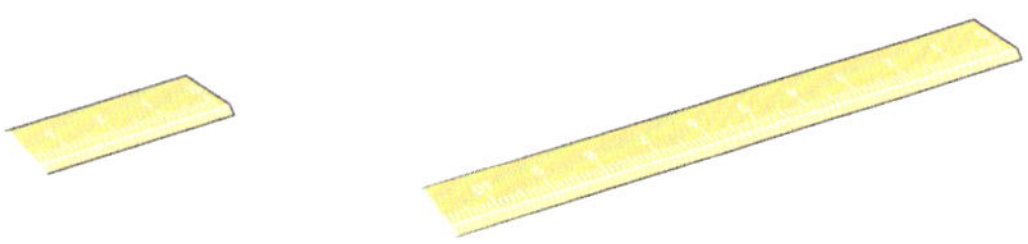

•	–
Ẹmma	Emil
Mạx	Lara
Fịnn	Tina
Lọtta	Moritz
Lụtz	Julia

1.4

b. Macht zwei Karten für kurz und lang. Zeigt die Karte beim Hören.

kurz

lang

3 a. **Mädchen oder Junge? Sortiert die Namen.**

Lara, ...

Max, ...

b. **Wählt einen Namen. Stellt euch in zwei Gruppen auf: kurz und lang. Sagt euren Namen.**

4 a. **Wie viele Silben? Sprecht und klatscht die Namen.** 3

E MIL MAX

b. **In welchen Namen sind die Silben?**

RA TI MO MA LI NA LA TA

5 a. SPIEL **Lesekönig: Wer liest die Namen richtig?**

Till	Li-nus	A-li-na
Tom	Tho-mas	Mo-ni-ka
Ben	El-la	Mar-le-ne
Jan	Ja-na	Jo-han-na

1.5 b. **Hört zu. Wer hat alles richtig gelesen? Wer ist Lesekönig / Lesekönigin?**

6 **Kennt ihr andere Namen aus Deutschland / Österreich / der Schweiz?**

TIERNAMEN INTERNATIONAL

7 a. **Hör die Tiernamen. Lies mit. Welche verstehst du? Such und zeig auf dem Bild.** 4–6

1.6

Elefant	Jaguar	Löwe	Kamel	Känguru	Giraffe	Strauß
Papagei	Zebra	Tiger	Krokodil	Affe	Delfin	Wolf

b. **Wie heißen die Tiere in deiner Sprache? Welche klingen ähnlich?**

1.7 c. **Wo ist der Wortakzent? Hör zu. Sprich und klopf mit.**

Strauß Wolf

Zebra Tiger Affe Löwe Jaguar Känguru

Kamel Delfin Giraffe

Elefant Papagei Krokodil

d. **Kurz oder lang? Sprich ein Wort. Hüpf bei kurz, mach einen großen Schritt bei lang.**

Kamel

Affe

8 **Der Papagei lernt sprechen. Was sagt er? Hör zu. Wähl aus.** 7

1.8

1.	2.	3.	4.
a. Löwe	a. Strauß	a. Tiger	a. Affe
b. Möwe	b. Maus	b. Ziege	b. Giraffe

9 **a.** **RÄTSEL** **Was fehlt? Ergänze.** 8

Str … ß   L … we   K … nguru   Kr … k … dil

… olf   … a … agei   A … e   … ebra

b. Lest die Wörter vor. Für jedes richtig gesprochene Wort bekommt ihr einen Punkt.

DAS ABC

10 **a.** **LIED** **Hört das Lied. Singt mit.** 9

1.9

b. **Verteilt die Buchstaben. Stellt euch im Abc auf. Jeder singt nur seine Buchstaben.**

A, B

C, D

E, F, G

11 **RÄTSEL** **Was ist falsch? Macht Alphabet-Rätsel.** 10, 11

12 a. Hör das Beispiel. Buchstabiere deinen Namen. 12

1.10

b. Buchstabiere einen Namen aus der Klasse. Wer den Namen zuerst sagt, macht weiter.

c. Buchstabiere einen Namen von Seite 8 – 9. Dein/e Mitschüler/in schreibt.

13 a. Hör zu. Schreib mit. Lies vor.

1.11

1.12 b. So schreibst du und so sprichst du: Hör zu und sprich nach.

S-C-H = sch   C-H = ch   E-U = eu   E-I = ei

14 a. Hör zu. Schreib das Wort. 13

1.13

b. Lies das Wort vor. Findest du das Bild?

F

A

B

C

D

E

c. Welches Wort klingt in deiner Sprache ähnlich?

TIER-ABC

14, 15

2 HALLO, DAS BIN ICH

Das lernst du:
begrüßen und verabschieden · dich und andere vorstellen · auf die Frage „Wie geht's?" reagieren

1 **Welche Begrüßung kennt ihr? Was ist auf Deutsch? Was kommt aus anderen Ländern? Sprecht darüber in eurer Sprache.** 1

GUTEN TAG! HALLO!

2 a. **Wer spricht? Hör zu. Zeig auf die Person.**

1.14

b. **Hör noch einmal. Sprich nach.**

3 a. **Hör zu.**

1.15

Gu-ten **Tag**!   **Hal**-lo!   Auf **Wie**-der-se-hen!

b. **Klatsch und klopf mit.**

1.16 c. **Hör zu. Erkennst du die Begrüßung?**

d. **Klatsch eine Begrüßung. Wer erkennt sie?**

4 **Macht Musik in der Klasse. Sprecht dazu im Chor.**

Hal-lo! Hal-lo! Hal-lo!

Gu-ten Tag! Gu-ten Tag! Gu-ten Tag!

Auf Wie-der-se-hen!
Auf Wie-der-se-hen!

Tschüss!

5 **Geht im Klassenraum herum, begrüßt und verabschiedet euch.** 2, 3, 4

GUTEN MORGEN! GUTEN ABEND!

6 **a. Ordne die Bilder.** 5, 6

A

Guten Morgen!

B

Gute Nacht!

C

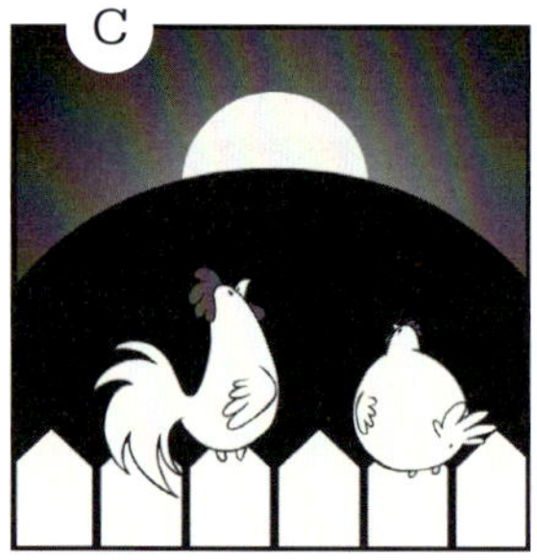

Guten Abend!

D

Guten Tag!

1.   2.   3.   4.

1.17 **b. Hör zu und sprich nach.**

7 **a. Wer grüßt wen? Finde Paare. Die Reime helfen.**

Nina · Benjamin · Frau Strauß · Moritz

Herr Maus · Frau Fritz · Tina · Konstantin

1.18 **b. Hör zu. Ist die Lösung richtig?**

c. Hör noch einmal. Was sagen sie? Schreib die Begrüßung dazu.

Nina + Tina: Guten

d. Spielt Dialoge.

8 **a. Was passt? Ergänzt die Sprechblasen.** 7

A

B

C

D

1.19 **b. Hört zu. Ist die Lösung richtig?**

9 SPIEL **Wählt einen Namen und schreibt ihn auf einen Zettel. Klebt den Zettel auf die Stirn. Begrüßt oder verabschiedet euch.**

WER BIST DU?

10 **a. Hört zu. Lest dann die Dialoge.** 8

1.20

b. Spielt die Dialoge mit euren Namen.

11 **a. Hör zu. Ordne den Dialog.**

1.21

Hallo! Wie heißt du?

Wie bitte?

Linus. L-I-N-U-S.

Ich heiße Linus.

b. Schreib den Dialog richtig.

c. Wählt Namen aus Lektion 1. Spielt den Dialog.

12 SPIEL **Wer bin ich?** 9, 10, 11

- Wer bin ich?
- Du bist Tim.
- Nein, wer bin ich?
- Du bist Jan.
- Ja, ich bin Jan!

13 a. RAP **Hört zu. Sprecht mit.**
1.22

Hallo, hallo! Wer bist du?

Ich bin ich und wie heißt du?

Du bist du und ich bin ich.

Aha. Und wer bin ich?

Du bist Maja! M-A-J-A.

Ja!

b. Stellt euch im Kreis auf. Rappt den Text mit euren Namen.

14 **Mach deine Augen zu. Geh im Klassenzimmer herum und versuch jemanden zu fangen. Mach die Augen auf. Stell dich und deinen Mitschüler / deine Mitschülerin vor.**

- Ich bin … Und das ist …

15 RÄTSEL **Wer ist das?** 12

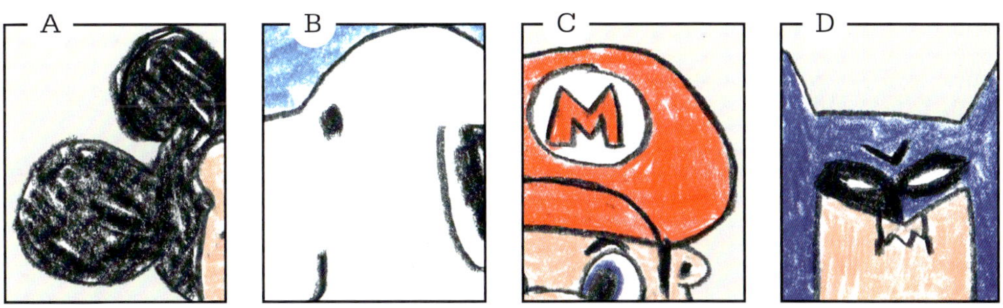

- Das ist …

WIE GEHT'S?

16 **Hört zu. Spielt die Szenen nach.**

1.23

17 **Werft einen Ball. Fragt und antwortet.** 13, 14

18 **Wählt eine Szene auf dem Bild auf Seite 16 – 17. Spielt einen Dialog.**

- ● Guten Tag, …!
- ○ Hallo, …!
- ● Wie …?
- ○ Gut! Und …?
- ● …
- ○ Auf …!

PROFISEITE

19 **Was sagen sie? Ordne zu.**

Guten Morgen!
Ich bin Felix.
Wie heißt du?
Hallo, wie geht's?
Und wer ist das?

A

B

C

D

DAS KANNST DU SCHON!

Guten Morgen!
Guten Tag!
Guten Abend!

Gute Nacht!
Tschüss!
Auf Wiedersehen!

- ● Wer bist du?
- ○ Ich bin Tim.

- ● Wie heißt du?
- ○ Ich heiße Lena.

- ● Wer ist das?
- ○ Das ist Frau Strauß.

- ● Wie geht's?
- ○ Danke, gut. Und dir?
- ● Auch gut!

sehr gut ☺☺
gut ☺
es geht 😐
schlecht ☹

SPIELWIESE

1.24 **LIED** **Hört das Lied. Singt mit.**

Guten Tag! Guten Tag!
Hallo, wie geht's?
Guten Tag! Guten Tag!
Hallo, wie geht's?
Danke, prima, gut.
Danke, prima, gut.
Danke, prima, gut.
Tschüss! Auf Wiedersehen!

RÄTSEL **Mal ein Bild von dir. Sammelt alle Bilder ein und zieht eins. Wer ist das?**

3 DAS MACHE ICH GERN

Das lernst du:
Aktivitäten benennen · über Hobbys sprechen · bis 10 zählen

1 Was passt zu dir? Wähl aus.

Ich schwimme gern.
Ich spiele gern.
Ich singe gern.
Ich schreibe gern.
Ich male gern.
Ich renne gern.

WAS MACHST DU GERN?

2 **Hör zu. Wer sagt das?** 1

1.25

A Ich schwimme gern.

B Ich spiele gern.

C Ich mache gern Sport.

D Ich singe gern.

E Ich male gern.

Monika

Julia

Jasmin

Finn

Pablo

3 **Lies den Dialog. Frag drei Mitschüler.**

- ● Peter, was machst du gern?
- ○ Ich schwimme gern.

4 **Wählt ein Wortpaar. Sprecht wie im Beispiel. Macht eine Bewegung dazu.** 2

singen • schwimmen
malen • schreiben
schwimmen • rennen
schreiben • spielen
Sport machen • singen

Ich singe, du schwimmst.

...

5 **a. Was machst du gern? Wähl die Aktivitäten aus.** 3, 4, 5

HOBBYS IM TEST

	ich	du
Fußball spielen		
Computerspiele spielen		
Gitarre spielen		
klettern		
tanzen		
Musik hören		
skaten		
Karate machen		
telefonieren		
reiten		

b. Was macht dein/e Mitschüler/in gern? Rate. Tauscht dann die Rollen.

- ● Was mache ich gern?
- ○ Du kletterst gern.
- ● Nein, falsch.
- ○ Du hörst gern Musik.
- ● Ja, richtig. Ich höre gern Musik.

c. Vergleicht.

- ● Du skatest gern. Ich auch.
- ● Du reitest gern. Ich nicht. Ich reite nicht gern.

6 **SPIEL** **Pantomime: Spiel ein Hobby vor. Die anderen raten.**

Du spielst Computerspiele!

…

…

MEINE HOBBYS

7 🔈 1.26

a. Wer ist das? Hört die Geräusche. Sucht auf dem Plakat. 6

- Das ist Hanna.

b. Was macht ...? Hört noch einmal. Sprecht wie im Beispiel.

- Das ist Hanna. Sie reitet.
  Das ist Leon. Er macht Karate.

8 SPIEL **Deckt die Seite 28 ab. Wer macht was? Wer weiß es noch?** 7

Lara · Marco · Carla · Max · Boris

1. Wer malt?
2. Wer schwimmt?
3. Wer tanzt?
4. Wer spielt Tennis?
5. Wer hört Musik?

9 **Stell eine Rätselfrage. Dein/e Mitschüler/in antwortet.** 8–11

- ● Was macht Leon?
- ○ Er spielt Fußball.
- ● Nein, falsch.
- ○ Er macht Karate.
- ● Ja, richtig!

10 **a.** RÄTSEL **Geheimschrift: Schreib die Sätze richtig.**

F♥nn s♥ngt. L♥sa sp◡lt. T♥m schw♥mmt.
R♥cht♥g?
W●r kl●tt●rt g●rn? – B●n!
B♥tte n♥cht s♥ngen, ♥ch telefon◡re!

♥ = ?
● = ?
◡ = ?

1.27 **b. Hör zu. Lies vor.**

11 **I und E richtig sprechen: Hör zu. Sprich mit.**
1.28

He, he, he, sprich mal **I** und **E**.

Wer, wer, wer? – Ich und du und er.

Hi, hi, hi? – Du und ich und sie.

He und hi und he, das ist **I** und **E**.

ZAHLEN

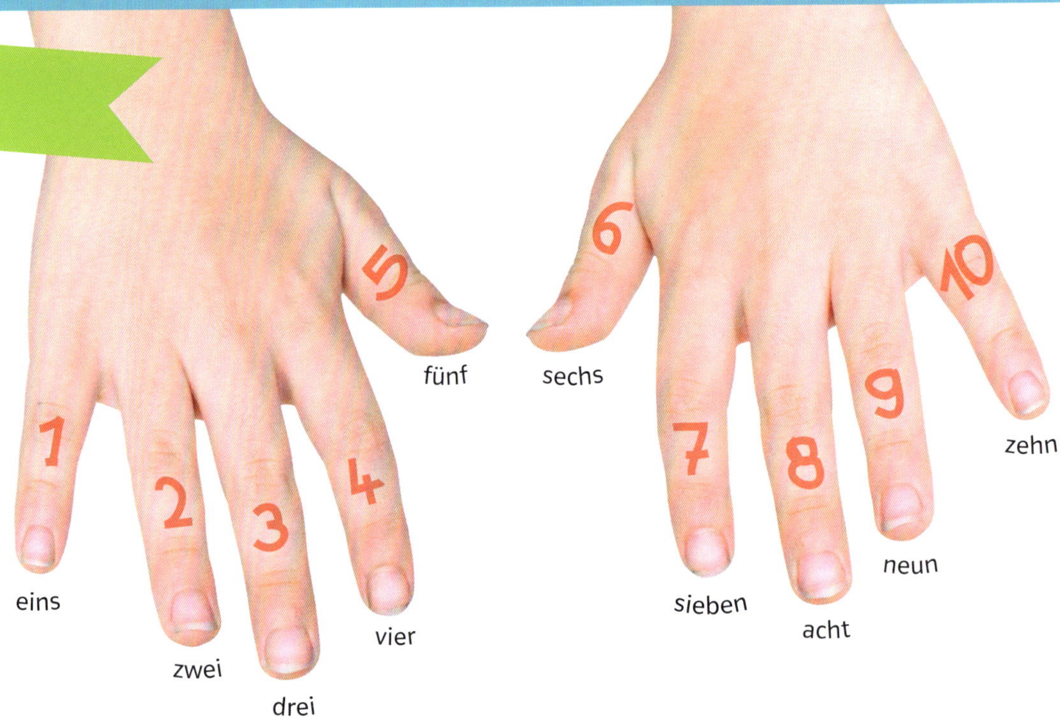

12 a. **REIM** **Hört zu.** 12, 13

1.29

Eins, zwei, drei, vier,
hallo, hier sind wir!

Fünf, sechs, sieben, acht,
hahaha, Felix lacht.

Neun und zehn,
tschüss, auf Wiedersehen!

b. **Hört noch einmal. Sprecht mit. Zählt mit den Fingern mit.**

Ich bin
Nummer zehn.

13 **Wer macht was?** 14

- Nummer zehn spielt Basketball.

14 Wer hat welche Nummer? Verbinde.

- Nummer zwei ist … Er / Sie spielt …

15 Zahlenschlange: Stellt euch in eine Reihe und sprecht wie im Beispiel.

● Ich bin Nummer 1 und ich spiele gern Fußball.
○ Du bist Nummer 1 und du spielst gern Fußball.
Ich bin Nummer 2 und ich reite gern.
■ Du bist Nummer 2 und …

16 SPIEL Spielt Zahlen-Bingo.

Jeder Spieler schreibt vier Zahlen zwischen 1 und 10 in das Bingo-Kreuz. Der Spielleiter ruft die Zahlen in beliebiger Reihenfolge auf. Wer eine seiner Zahlen hört, streicht sie durch. Wer alle vier Zahlen hört, ruft „Bingo"!

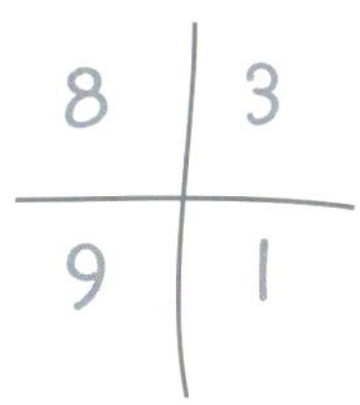

PROFISEITE

17 **a. Lies den Chat. Ergänze die Steckbriefe.**

SCHÜLERCHAT

Hallo, ich heiße Thomas. Ich klettere gern. Und ich spiele gern Fußball. Was machst du gern?

Hallo, ich bin Nina. Ich mache Karate und ich male gern. Und das ist Julia. Sie macht Musik und sie tanzt gern.

THOMAS
Hobbys: klettern, …

NINA
Hobbys: …, malen

JULIA
Hobbys: Musik …,
…

b. Schreib deinen Text.

Hallo, ich heiße … Ich … und ich …

DAS KANNST DU SCHON!

1 eins
2 zwei
3 drei
4 vier
5 fünf
6 sechs
7 sieben
8 acht
9 neun
10 zehn

- ● Was machst du gern?
- ○ Ich singe gern.
- ○ Ich höre gern Musik.

- ● Wer tanzt gern?
- ○ Lara.

- ● Wer spielt Fußball?
- ○ Max.

- ● Was macht Boris gern?
- ○ Er klettert gern.

- ● Was macht Sibel gern?
- ○ Sie telefoniert gern.

- ● Ich renne gern.
- ○ Ich auch.
- ■ Ich nicht.

GRAMMATIK
mit den Deutschprofis

ich, du, er, sie + Verb Clip

spielen	schreiben	Musik hören	Endung
ich spiele	ich schreibe	ich höre Musik	-e
du spielst	du schreibst	du hörst Musik	-st
er / sie spielt	er / sie schreibt	er / sie hört Musik	-t

Schreib ein eigenes Beispiel.

Verb auf -z, -s, -ß | **-t, -d**

tanzen	heißen	reiten	skaten
ich tanze	ich heiße	ich reite	ich skate
du tanzt	du heißt	du reitest	du skatest
er/sie tanzt	er/sie heißt	er/sie reitet	er/sie skatet

Was ist hier anders?

sein
ich bin
du bist
er/sie ist

SPIELWIESE

PROJEKT **Hobbys in deiner Klasse: Macht ein Plakat. Malt Bilder oder macht Fotos. Schreibt Texte dazu.**

1.30 RAP **Hört zu. Rappt mit.**

Was machst du gern? Was machst du gern?
Was machst du, machst du, machst du gern?
Ich tanze gern, ich tanze gern, ich mache gern Karate.
Ich male gern, ich male gern, ich spiele gern Gitarre.
Reiten, skaten, malen, schwimmen oder tanzen,
das mach ich gern, das mach ich gern!
Ja, ja, ja, das machst du gern.
Und du, und du, und du? Und was machst du?

4 MEINE FAMILIE

Das lernst du:
Familienmitglieder benennen · über Familie und Freunde sprechen · bis 20 zählen

1 **Wer ist das? Sprecht und zeigt.** 1

der Großvater | die Großmutter
der Vater | die Mutter | das Kind

- Wer ist das?
- Das ist der Vater.

FAMILIE KLEIN

Doris, Emma, Opa und die Kuh

Tom & der Hase

Oma Inge und das Baby

Markus, Emma, Tom

Tante Claudia und das Pferd

Onkel

2 **a. Das ist Familie Klein. Ergänze die Namen.**

der Großvater (der Opa): Hans

die Großmutter (die Oma):

der Onkel

die Tante:

der Vater:

die Mutter: Doris

das Baby

der Sohn: Tom

die Tochter:

b. Wie heißen die Familienmitglieder? Fragt und antwortet.

- ● Wie heißt der Opa?
- ○ Der Opa heißt Hans.

3 **a. Ratet mal: Wer ist …?** 2, 3

Ella? Herr Kleiner?
Max? Gustav? Emil?

- Ella ist der Hase.

der Hase	das Pferd
die Kuh	die Schwester
das Baby	der Onkel
der Bruder	

1.31 **b. Hört zu. Schreibt die Namen auf. Wer hat richtig geraten?**

c. Stellt die Familienmitglieder vor.

- Das ist der Hase. Er heißt …
- Das ist die Schwester. Sie heißt …
- Das ist das Baby. Es heißt …

Der Papagei und der Hund sind die Tiere.

4 **Lies die Sätze. Ergänze die Namen.** 4

Der Vater und die Mutter sind die Eltern. Sie heißen …
Der Großvater und die Großmutter sind die Großeltern. Sie heißen …
Der Sohn, die Tochter und das Baby sind die Kinder. Sie heißen …

5 **a. RÄTSEL Wer ist das? Löst das Rätsel.** 5

1 Er ist der Bruder von Emma.

2 Sie heißt Ella.

3 Sie sind die Kinder von Doris.

4 Sie heißen Gustav und Ella.

5 Er ist der Sohn von Hans.

6 Sie sind die Eltern von Tom.

b. Macht eigene Rätsel.

6 **a. Hört zu. Welche Familienwörter hört ihr?**
1.32

b. Macht andere Beispiele.

JA ODER NEIN?

7 **a. Wer macht was gern? Rate und schreib zu jeder Person einen Satz.** 6

Inge Hans Tom Emma

1.33 **b. Hör zu. Ist deine Lösung richtig?**

c. Lies die Fragen und antworte: Ja oder nein?

1. Reitet Emma gern?
2. Schwimmt Inge gern?
3. Macht Hans gern Karate?
4. Spielt Tom Gitarre?

8 **a. Schreibt die Wörter auf Zettel. Bildet Fragen.** 7

Spielt · die · Hörst · Fußball? · du · von · Opa · der · Emma? · Tom? · du · Musik? · Heißt · Bist · du · Schwester · gern

b. Lest eine Frage vor. Die anderen antworten: Ja oder nein?

9 **SPIEL Fragen-Wettlauf** 8

Bildet 2 Gruppen. Schreibt 5 Fragen. Jede Gruppe wählt einen Läufer. Stellt abwechselnd eure Fragen, ein Schüler der anderen Gruppe antwortet. Ist die Antwort „Ja“, läuft der Läufer 3 Schritte vor. Bei „Nein“ geht der Läufer 1 Schritt zurück. Wer kommt am weitesten?

10 **a. Was ist das?** 9

A

ein Hund oder
ein Mann?

B

ein Hase oder
ein Baby?

C

eine Katze oder
eine Kuh?

D

ein Pferd oder
ein Junge?

E

ein Mädchen oder
ein Vater?

F

eine Frau oder
ein Hund?

Das ist eine Kuh.

Nein, das ist eine Katze!

b. Sortiert die Wörter. Macht ein Plakat.

ein ein eine

11 **SPIEL** **Was bist du? Spielt Pantomime und ratet.**

12 **a. Ergänze: der / das / die oder ein / eine?** 10

 Das ist ein Hase.

 Und das ist Herr Kleiner, ___ Hase von Tom.

 Das ist ___ Baby.

 Das ist Emil, ___ Baby von Claudia.

 Das ist ___ Oma.

 Und das ist ___ Oma von Emma.

1.34 **b. Hör zu. Ist deine Lösung richtig?**

MEIN ODER DEIN?

13 **a. Emma spricht über ihre Familie. Was hörst du? Wähl aus.** 11

1.35

a. meine Katze b. mein Bruder c. mein Hase
d. mein Pferd e. meine Großeltern

b. Wer gehört zu deiner Familie? Zähl auf.

- Meine Familie ist: Mein …, …

c. SPIEL Spielt Familien-Ping-Pong.

- Meine Mutter.
- Deine Mutter. Mein Vater.
- Dein Vater. Mein Bruder.

14 **Malt ein Familienbild. Fragt und antwortet.**

- Ist das dein Bruder?
- Nein, das ist meine Schwester.
- Wie heißt deine Schwester?
- …

15 **a. O und U richtig sprechen: Hört zu.**

1.36

b. Ruft laut: Oooo! Uuuu!

1.37 **c. Bildet zwei Gruppen: o und u. Wie viele Wörter mit eurem Buchstaben hört ihr?**

d. Hört noch einmal. Sprecht nach.

16 **a. Welche Zahlen kennst du schon? Wähl aus.** 12, 13, 14

zwölf dreizehn achtzehn zwei sieben zehn acht vier elf drei sechs eins fünf sechzehn neunzehn zwanzig siebzehn neun fünfzehn vierzehn

1.38 **b. Was ist neu? Hör zu und sprich nach. Schreib die Zahlen dann in der richtigen Reihenfolge.**

17 **a. Was wisst ihr über Tom? Erzählt.** 15

b. Lies Toms Blog. Wie alt ist er? Welche Informationen sind neu?

MENÜ
+ Über mich
+ Fotoalbum
+ Musik
+ Sport

TOMS BLOG

Über mich
Hi, mein Name ist Tom und das ist mein Blog!

Das bin ich: Ich bin 12 Jahre alt. Mein Spitzname ist Ketschup. Warum? Meine Haare sind rot …
Ich spiele gern Gitarre, mache Karate und spiele Tennis.
Und ich blogge gern.

18 **a. Wer ist das? Ratet mal.**

Fotoalbum

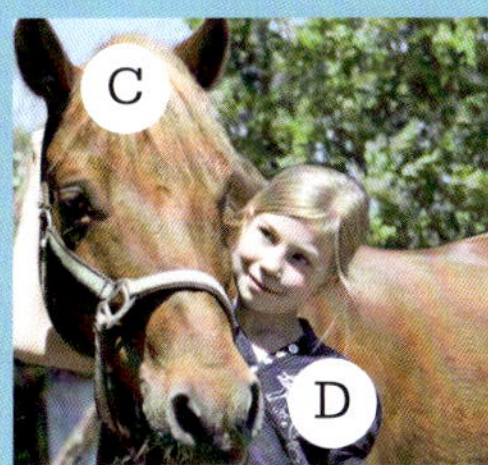

b. Das schreibt Tom. Wer ist auf den Fotos?

Das bin ich, Tom. Und das ist mein Freund. Er heißt Ben. Er ist 11. Er spielt gern Computerspiele.
Meine Schwester Emma ist 9. Sie reitet gern. Das Pferd heißt Lucy und ist 15 Jahre alt.
Das Mädchen heißt Amelie. Sie ist Bens Schwester. Amelie ist 7. Und das ist Ajax, der Hund von Ben und Amelie. Er ist 16, ein richtiger Opa!

c. Lies die Fragen und antworte: Ja oder nein?

1. Ist Ben Toms Bruder?
2. Ist Emma 15 Jahre alt?
3. Ist Amelie Bens Schwester?
4. Ist Lucy ein Mädchen?

19 **Schreib einen Text: „Ich, meine Familie und meine Freunde"**

PROFISEITE

20 SATZMODELLE Clip

Reitet	Maja?		
Maja	reitet.		
Hört	Felix	gern	Musik?
Felix	hört	gern	Musik.
Tanzt	du	gern?	
Ich	tanze	gern.	

21 **a. Frage ↗ und Aussagesatz ↘: Hör zu und sprich nach.**

1.39

Schwimmt Felix gern? ↗   Felix schwimmt gern. ↘

1.40 **b. Hörst du eine Frage? Steh auf.**

c. Sprich einen Satz von oben.
Die anderen zeigen eine Karte mit ↗ oder ↘.

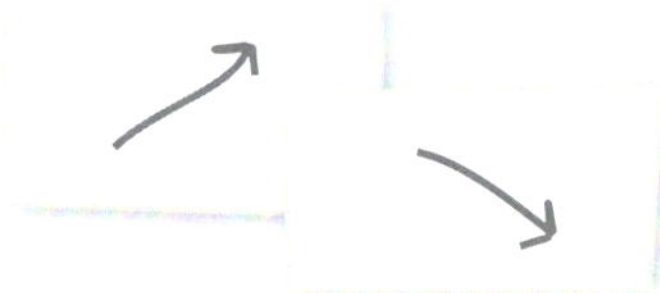

DAS KANNST DU SCHON!

11 elf
12 zwölf
13 dreizehn
14 vierzehn
15 fünfzehn
16 sechzehn
17 siebzehn
18 achtzehn
19 neunzehn
20 zwanzig

- ● Wer ist das?
- ○ Das ist die Mutter.
- ○ Das ist der Vater.
- ○ Das ist das Baby.

- ● Hörst du gern Musik?
- ○ Ja!

- ● Spielt dein Bruder Fußball?
- ○ Nein!

- ● Das ist ein Hase. Das ist der Hase von Tom.

- ● Das ist ein Pferd. Das ist Emmas Pferd. Es heißt Lucy.

- ● Das ist mein Vater. Er heißt Markus.

- ● Das ist meine Schwester. Sie heißt Emma.

- ● Das sind meine Großeltern. Sie heißen Inge und Hans.

GRAMMATIK
mit den Deutschprofis

der, ein, mein, dein

der Hase	das Pferd	die Katze	die Eltern
ein Hase	ein Pferd	eine Katze	– Eltern
mein Hase	mein Pferd	meine Katze	meine Eltern
dein Hase	dein Pferd	deine Katze	deine Eltern

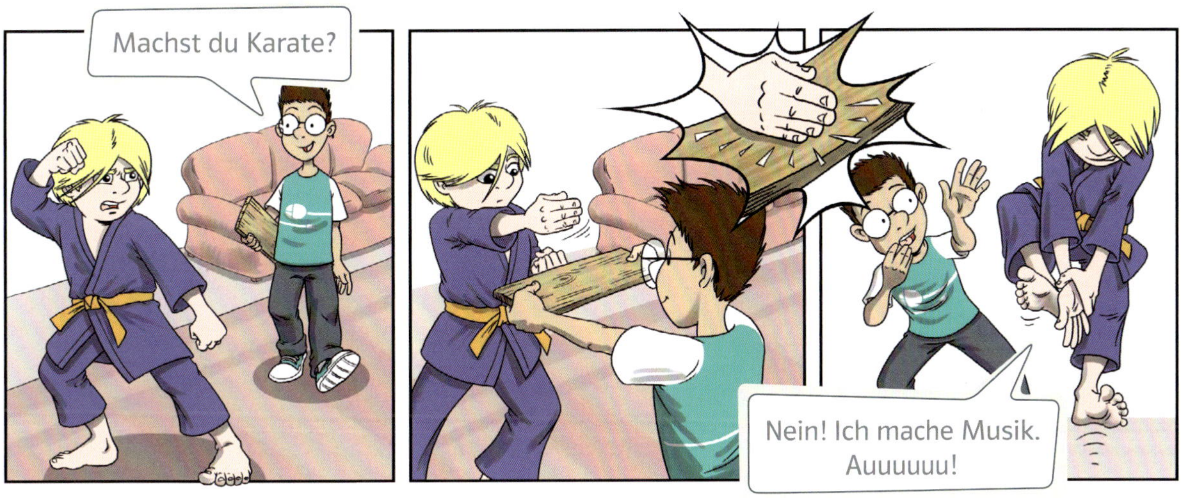

Fragen

Wer	ist	das?
Wie	heißt	dein Bruder?
Ist	das	deine Schwester?
Spielst	du	Tennis?

sie (Plural) + Verb

	heißen		sein
ich	heiße	ich	bin
du	heißt	du	bist
er / sie / es	heißt	er / sie / es	ist
sie	heißen	sie	sind

SPIELWIESE

PROJEKT **Deine Familie: Mal Bilder oder mach Fotos. Schreib Texte dazu.**

SPIEL **Zahlenreihe: Denkt an eine Zahl zwischen null und zwanzig. Stellt euch in der richtigen Zahlenreihe auf.**

1.41 **a. RÄTSEL Hört zu. Welche Familienwörter hört ihr?**

b. Wählt ein Familienwort. Sprecht im Rhythmus. Jeder sagt sein Wort.

5 DAHER KOMME ICH

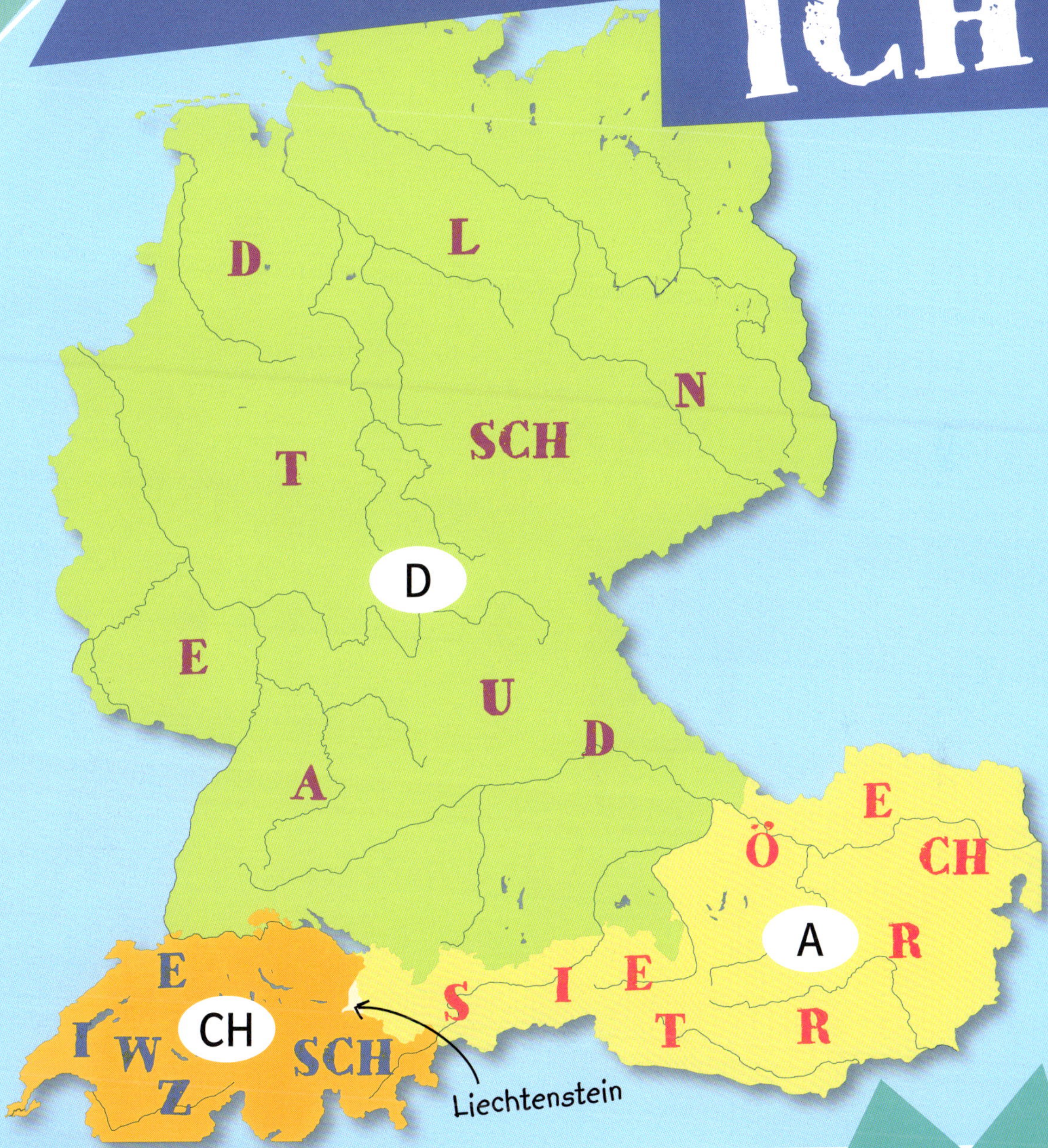

1 a. RÄTSEL **Wie heißen die Länder?** 1

1.42 b. **Hör zu. Ist deine Lösung richtig?**

c. **Woher kommst du? Ergänze dein Land.**

- Ich komme aus …

Das lernst du:
Name, Alter, Herkunft, Sprache angeben · eine Person interviewen und vorstellen · bis 100 zählen

KINDER IN D-A-CH

Tanja und Philipp Hansen wohnen in Hamburg. Tanja ist 12, Philipp ist 13 Jahre alt. Sie skaten viel.

Ralf Schulz ist 10 Jahre alt. Er wohnt in Berlin. Er liest sehr gern.

Emre Mürs wohnt in Köln. Emres Eltern kommen aus der Türkei. Emre spricht Deutsch und Türkisch. Er fährt gern Fahrrad. Er ist 10 Jahre alt.

Karolin Gebhardt ist 11 Jahre alt. Sie wohnt in Leipzig. Sie spielt Flöte.

Sarah Wagner wohnt in Zürich, sie ist 11 Jahre alt. Sarahs Mutter kommt aus Lausanne. Sarah spricht Deutsch und Französisch. Sie fährt gern Ski.

Paul und Pauline Eder kommen aus Wien. Sie sind 10 und 8 Jahre alt. Sie klettern gern.

2 Sieh die Karte an. Antworte.

1. Wer kommt aus der Schweiz? … kommt aus der Schweiz.
2. Wer kommt aus Österreich? … und … kommen aus Österreich.
3. Wer kommt aus Deutschland ? …, …, …, … und … kommen …

3 **a. Wähl eine Stadt. Lies den passenden Text. Notiere die Angaben.** 2, 3, 4

Name	Alter	Stadt	Land	Sprache	Hobby
Tanja und Philipp Hansen	12 und 13 Jahre	Hamburg	Deutschland	Deutsch	skaten

b. Bildet gemischte Gruppen. Antwortet zusammen auf die Fragen.

1. Woher kommen Paul und Pauline?
2. Spricht Emre Deutsch?
3. Wohnt Ralf in Berlin?
4. Spielt Ralf gern Flöte?
5. Wie alt ist Karolin?
6. Wer fährt gern Ski?
7. Was machen Paul und Pauline gern?
8. Wer ist 10 Jahre alt?

c. Schreib noch eine Frage. Stell sie den anderen.

Ich spreche auch Italienisch.
Er spricht Deutsch.

4 **RÄTSEL** **Lies die Beispiele. Stell deinem Mitschüler eine Rätselfrage.**

Er spricht Deutsch.
Er liest gern. Wer ist das?

Sie ist 11 Jahre alt.
Sie fährt gern Ski. Wer ist das?

5 **a. Hör zu. Wer spricht im Radio?** 5, 6, 7

1.43

b. Lies die Fragen. Hör noch einmal. Welche Fragen hörst du? Wähl aus.

a. Wie heißt du?
b. Wie alt bist du?
c. Woher kommst du?
d. Wo wohnst du?
e. Sprichst du auch Französisch?
f. Was machst du gern?
g. Liest du gern?

c. Wählt ein Kind von der Karte. Macht ein Interview.

Wie heißt du?
Wie alt bist du?
Woher kommst du?
Wo wohnst du?
Sprichst du …?
Was machst du gern?
Fährst du gern Fahrrad?
Liest du gern?

AUTOS, STÄDTE, ZAHLEN

6 **Woher kommen die Autos? Ratet.**

1

2

3

- Woher kommt Auto Nummer 1?
- Es kommt aus …

7 **Lest die Zahlen. Ergänzt die fehlenden Zahlen.** 8, 9, 10

20	21		27	28	
zwanzig	einundzwanzig	…	siebenundzwanzig	achtundzwanzig	…

30	31	32			39
dreißig	einunddreißig	zweiunddreißig	…	…	neununddreißig

40		60	70		100
vierzig	…	sechzig	siebzig	…	hundert

8 **Was hörst du? Wähl aus.**

1.44

1.	2.	3.	4.
a. K AH 8313	a. DD ER 4850	a. M IK 3475	a. HH KL 2345
b. K AH 8330	b. DD ER 4815	b. M IK 4357	b. HH KL 3245

9 **Schreibt Zahlen zwischen 0 und 9 auf Karten. Steht auf und bildet Paare. Wie heißt die Zahl? Tauscht dann die Plätze.**

10 **a. Hör zu. Notiere die Nummer.**
1.45

- ● Wie ist deine Telefonnummer?
- ○ Meine Telefonnummer ist ______ .
- ● Wie bitte?
- ○ ______ .

b. Deine Telefonnummer: Spielt Dialoge.

11 **a. Hör zu und sprich mit. Gibt es in deiner Sprache Wörter mit ö und ü?**
1.46

b. Was passt zusammen?

T**o**m L**u**tz D**ö**rte **Ü**nal	+ kommt aus +	**U**lm. K**ö**ln. B**o**nn. M**ü**nchen.

1.47 **c. Hör zu. Sprich nach.**

1.48 **d. Aus dem Radio: Sprich nach.**

Zwölf Österreicher kommen nach Köln.

Hallo, hier ist Otto aus Cottbus.
Ich höre so gern Songs von Cro!

Fünfhundertfünfundfünfzig Mücken in Zürich!

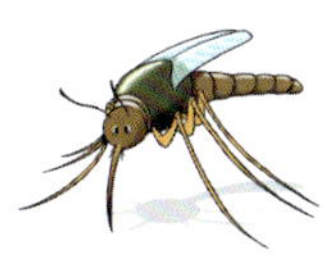

BERÜHMT IN D-A-CH

A

B

C

12 **a. Seht die Fotos an. Wen kennt ihr?** 11, 12

b. Lies die Texte. Wer ist auf den Fotos oben? Ordne die Namen zu.

WAS MAGST DU?

Ich mag Filme. Und ich mag besonders Elyas M'Barek. Er kommt aus Österreich und ist Schauspieler. Er spielt in der Filmserie „Türkisch für Anfänger". Die ist sehr lustig.

Ich lese viel. Ich mag die Schriftstellerin Cornelia Funke. Mein Lieblingsbuch ist „Tintenherz". Das ist so spannend!!!

Ich komme aus Heppenheim. Sebastian Vettel kommt auch aus Heppenheim! Ich mag Autos und ich bin ein Fan von Sebastian Vettel. Er ist Formel-1-Fahrer und er fährt super schnell.

Ich mag Fußball, ich spiele im Verein. Mein Lieblingsspieler ist Thomas Müller. Er ist Weltmeister!

Ich mag Musik. Ich spiele Klavier und ich spiele gern Musik von Mozart. Die ist sehr schön! Mozart ist ein Komponist aus Österreich.

D

E

c. Was passt zusammen? Bilde Sätze.

Mozart				ein Sportler / eine Sportlerin		
Cornelia Funke				ein Schauspieler / eine Schauspielerin		aus Deutschland.
Elyas M'Barek	+	ist	+	ein Schriftsteller / eine Schriftstellerin	+	aus Österreich.
Thomas Müller				ein Komponist / eine Komponistin		
Sebastian Vettel				ein Fußballspieler / eine Fußballspielerin		

13 SPIEL **Wer bin ich? Beschreib eine berühmte Person. Die anderen raten.**

● Ich bin eine Schauspielerin. Ich komme aus … Ich bin … Jahre alt.
Ich spiele im Film … Wer bin ich?

○ Ich bin ein Sportler aus …

14 **a. Ordnet die Dialoge.** 13

1. ● Magst du Musik?
2. ● Magst du Sport?
3. ● Magst du Fußball?
4. ● Magst du Lego?

a. ○ Nein, ich mag Sport nicht. Ich renne nicht gern.
b. ○ Na klar! Ich bin ein Fan von Bayern München.
c. ○ Nein, ich mag Lego nicht. Ich mag Playmobil.
d. ○ Ja, ich mag Musik. Ich mag Pop.

1.49 **b. Hört zu. Ist die Lösung richtig?**

c. Stell deinem Mitschüler / deiner Mitschülerin zwei Fragen.

15 **Was magst du? Was magst du nicht? Mach zwei Listen.**

Formel 1 · Schokolade · Fußball · Basketball · Computerspiele · Mozart · Karate · Bayern München · Klavier · Tennis · Comics · Lego

Ich mag … Ich mag … nicht.

PROFISEITE

16 a. **SATZMODELLE** Clip

Leo	liest.		
Wau	liest	nicht.	
Leo	spielt	Gitarre.	
Wau	spielt	nicht	Gitarre.
Leo	fährt	Ski.	
Leo	fährt	nicht	Ski.

b. Bau Sätze.

1. spiele • ich • Flöte • nicht
2. nicht • mein Freund • Deutsch • spricht
3. das Kind • nicht • lacht
4. Max • gern • schwimmt • nicht
5. gern • du • nicht • tanzt

DAS KANNST DU SCHON!

21 einundzwanzig
22 zweiundzwanzig
…
30 dreißig
40 vierzig
50 fünfzig
60 sechzig
70 siebzig
80 achtzig
90 neunzig
100 hundert

- Wie alt bist du?
- ○ Ich bin 10 Jahre alt.

- Woher kommst du?
- ○ Ich komme aus …

- Wo wohnst du?
- ○ Ich wohne in …

- Sprichst du Englisch?
- ○ Nein, ich spreche Deutsch.

- Fährst du gern Fahrrad?
- ○ Ja, ich fahre gern Fahrrad.

- Magst du Sport?
- ○ Nein, ich mag Sport nicht. Ich mag Musik.

GRAMMATIK
mit den Deutschprofis

sprechen, lesen, fahren, mögen

e > i		e > ie		a > ä			
	sprechen		lesen		Fahrrad fahren		mögen
ich	spreche	ich	lese	ich	fahre Fahrrad	ich	mag
du	sprichst	du	liest	du	fährst Fahrrad	du	magst
er/sie/es	spricht	er/sie/es	liest	er/sie/es	fährt Fahrrad	er/sie/es	mag
sie	sprechen	sie	lesen	sie	fahren Fahrrad	sie	mögen

der Maler – die Malerin

der Musiker	die Musikerin
der Sportler	die Sportlerin
der Schauspieler	die Schauspielerin

Schreib ein eigenes Beispiel.

SPIELWIESE

SPIEL **Tabu-Zahl: Wählt zwei Zahlen zwischen 1 und 9. Diese Zahlen sind tabu. Stellt euch im Kreis auf und zählt bis 100. Wer die Tabu-Zahl sagt, fällt aus.**

PROJEKT **Wer ist berühmt in eurem Land? Macht eine Collage. Stellt die Personen vor. Ihr könnt die Collage eurer Partnerklasse schicken.**

REIM **Macht Reime.**

	+		+		+		+	
		Oma		Aylin				Amerika
mein		Opa		Erika				Mainz
meine		Tante		Anna		kommt aus		Berlin
dein		Onkel		Ina		fährt nach		Guinea
deine		Freundin		Heinz		wohnt in		Wien
		Freund		Thea				China
								Havanna

Meine Tante Erika kommt aus Amerika.

MEINE SCHULSACHEN

6

1 **a. Hör zu. Zeig auf dem Bild. Sprich nach.** 1, 2

1.50

1.51 **b. Wörter raten: Hör das Beispiel. Summ ein Wort. Die anderen raten.**

c. Pack deine Schultasche aus. Fragt und antwortet.

- Was ist das?
- ○ Das ist die Schere.
- Wie heißt das auf Deutsch?
- ○ Das Mäppchen.

Das lernst du:
Schulsachen benennen und beschreiben · Farben und Eigenschaften · Dinge zählen · etwas kaufen

MEIN FÜLLER IST BLAU

1

2

2 **a. Was liegt auf dem Tisch? Macht zwei Listen.** 3

Bild 1: ein Heft, eine Schere, ...

b. Was fehlt? Vergleicht.

- Auf Bild 1 ist kein Spitzer.
- Auf Bild 2 ist keine …

c. Macht Zaubertricks mit euren Schulsachen.

3 1.52 **a.** REIM **Hör zu. Sprich nach. Sprich den Reim mit Emotionen.**

Rot, gelb, rosa,
grün, schwarz und blau.
Orange, weiß, lila,
braun und grau.
Ja, genau!

b. Was ist deine Lieblingsfarbe?

c. Misch die Farben.

- Rot und gelb ist …

4 **a. Farben in der Schultasche: Fragt und vergleicht.** 4

- ● Mein Lineal ist weiß. Wie ist dein Lineal?
- ○ Mein Lineal ist rosa.

b. SPIEL Was ist in deiner Schultasche? Denk an einen Gegenstand. Die anderen raten.

- ● Das ist blau und grün. Was ist das?
- ○ Ist das deine Mappe?
- ● Nein.
- ○ Ist das dein Füller?
- ● Ja, das ist mein Füller.

5 **a. Wie ist das? Hör zu. Sprich nach und mach eine passende Bewegung.** 5

1.53

klein groß dünn dick kurz lang leicht schwer rund eckig

b. Wählt Schulsachen und ein Wortpaar aus a. Sprecht wie im Beispiel.

Mein Bleistift ist lang.
Dein Bleistift ist kurz.

6 **Stellt Rätselfragen.** 6

- ● Wie ist Nummer …?
- ○ Das ist klein, leicht und …

- ● Das ist eckig, dick und … Was ist das?
- ○ Das ist Nummer …

DAS DINGSDA IST RUND

1 Das Dingsda ist klein, eckig, schwarz und leicht. Es schreibt, fotografiert und macht Musik. Mit dem Dingsda telefoniere ich gern. Was ist das?

2 Das Dingsda ist klein, eckig und grau. Es hat Zahlen, es schreibt und rechnet. Was ist das?

3 Das Dingsda ist klein, leicht und braun. Es hängt an meiner Schultasche und es bringt mir Glück. Was ist das?

4 Das Dingsda ist groß, rund und rosa. Es ist aus Plastik. Mit dem Dingsda fahre ich Fahrrad. Was ist das?

7 **a.** RÄTSEL **Lies die Rätsel 1–4. Welches Foto passt? Ergänze das Lösungswort mit den Buchstaben.** 7, 8

Lösung: Du bist ein P ___ ___ ___ ___ !
1. 2. 3. 4.

b. Macht selbst Dingsda-Rätsel. Die anderen raten.

Mein Dingsda ist klein. / rund. / rot. / leicht. / …

Mit dem Dingsda schreibe / fotografiere / rechne / lerne / … ich.

- Mein Dingsda ist groß, eckig und blau. Mit dem Dingsda lerne ich.
- ○ Ist das ein Buch?
- Nein. Das ist kein Buch.
- ○ Ist das …?

ICH BRAUCHE DEN PINSEL

8 **a. Sieh die Fotos an. Was machen die Kinder?** 9

A

Die Kinder .

B

Die Jungen .

C

Die Mädchen .

1.54 **b. Was brauchen sie? Hör zu. Wähl aus.**

A Das Kind braucht .   B Sie brauchen .   C Das Mädchen braucht .

den Radiergummi · den Bleistift · den Spitzer · den Ball
das Heft · das Lineal · das Buch · das Handy
die Brille · die Gitarre · die Sporttasche · die Trinkflasche

9 **Was fehlt? Ergänze.** 10, 11

A

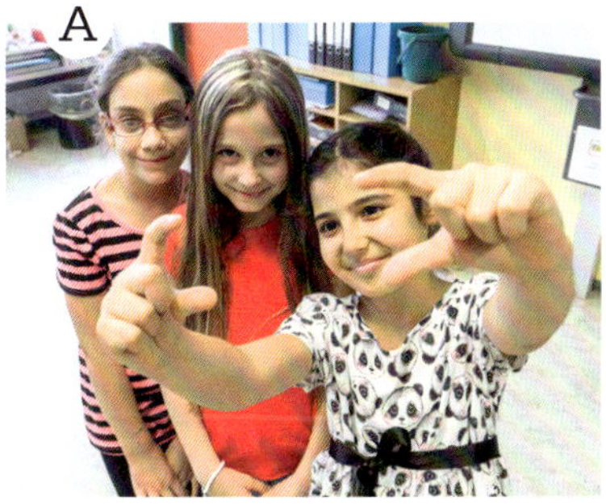

Sie machen ein Foto.
Sie haben kein .
Sie brauchen ein .

B

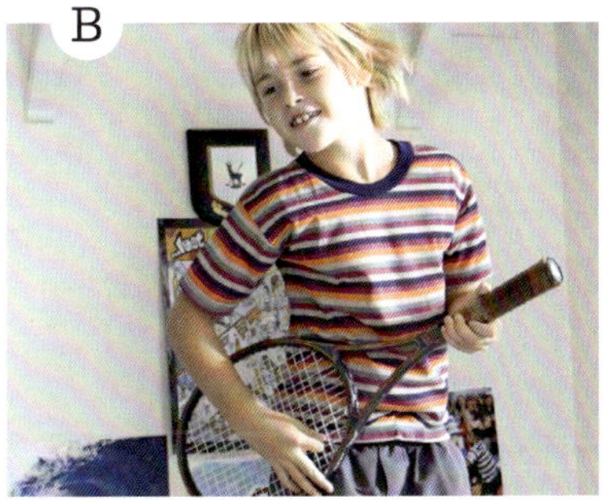

Er macht Musik.
Er hat keine .
Er braucht eine .

C

Sie fährt Fahrrad.
Sie hat keinen .
Sie braucht einen .

10 **Was ist im Mäppchen? Fragt und antwortet. Zeigt die Gegenstände.**

- Hast du einen Spitzer?
  - ○ Ja, ich habe einen Spitzer. Hier!
  - ○ Nein, ich habe keinen Spitzer.

VIELE DINGE

11 **a.** **RÄTSEL Such und zähl die Gegenstände.**

3 Scheren
Schlüssel
Bälle
Brillen
Lineale
Radiergummis
Bleistifte
Bonbons

b. Mach die Augen zu. Wie viele Gegenstände sind auf dem Bild? Dein/e Mitschüler/in kontrolliert.

Da sind drei Scheren, …

12 **a. Bildet Gruppen. Was denkt ihr, wie viele . . . habt ihr alle zusammen in der Schultasche? Schätzt und notiert die Zahl.** 12

Wie viele Hefte?
Wie viele Buntstifte?
Wie viele Bücher?
Wie viele Spitzer?
Wie viele Radiergummis?

b. Zählt die Gegenstände. Wie viele Zahlen sind richtig?

c. Wer hat mehr Schulsachen? Vergleicht.

- Wie viele Bücher hast du?
- ○ Ich habe zwei Bücher.
- Ich habe drei Bücher.

- Wie viele Spitzer hast du?
- ○ Ich habe einen Spitzer.
- Ich habe keinen Spitzer.

Wie viele Freunde hast du?

13 a. **Was kauft Lisa? Was kauft Kira?**
1.55 **Hör zu. Ordne die Gegenstände zu.** 13

Kira Lisa	kauft	Hefte Bleistifte Blöcke Bonbons Füller Scheren Pinsel Kulis

b. **Hör noch einmal. Ergänze die Zahlen. Zähl zusammen. Ist die Summe 15? Dann ist deine Lösung richtig.**

14 a. **Hör den Einkaufsdialog. Lies mit.**
1.56

- ● Guten Tag, ich brauche zwei Hefte.
- ○ Zwei Hefte. Ist das alles?
- ● Ja, danke.
- ○ Zwei Euro vierzig, bitte.

b. **Spielt Dialoge.**

15 a. **Richtig sprechen: Hört zu. Die Flüsterlaute (e) sind ganz leise.**
1.57

Meine Hefte. Deine Hefte. Keine Hefte.
Ich habe keine Hefte.
Meine Stifte. Deine Stifte. Keine Stifte.
Ich habe keine Stifte.
Meine Tasche. Deine Tasche. Keine Tasche.
Ich habe keine Tasche.
Oh, schade!

b. **Hört noch einmal. Sprecht mit. Sprecht die Flüsterlaute leise.**

c. **Lest das Beispiel. Sprecht im Echo.**

Flöte • Brille • Schere • Mappe • Gitarre • Trinkflasche

meine Flöte
deine Flöte
keine Flöte

PROFISEITE

HAST DU EINEN GLÜCKSBRINGER?

MARIE Ja, ich habe ein Glücksschwein. Es ist klein und rosa und es hängt an meinem Schlüsselbund. Mein Schweinchen heißt Rudi. Bei Klassenarbeiten bringt mir Rudi Glück!

ERIK Mein Glücksbringer ist klein und rund: ein Glückscent. Er ist in meinem Mäppchen. Den Glückscent habe ich von Onkel Theo. Das ist der Bruder von Mama.

EMILY Natürlich habe ich einen Glücksbringer. Es ist ein Herz aus Gummi, ein Radiergummi. Es ist klein und rosa und ist in meinem Mäppchen. Ich habe ganz viele Radiergummis und Stifte. Und in meinem Mäppchen sind auch Fotos und Aufkleber.

16 a. **Was bringt Glück? Lies die Texte. Ordne die Fotos zu.**

b. **Hast du einen Glücksbringer? Zeig und beschreib ihn.**

Das ist mein Glücksbringer.
Er ist klein, rund, …

DAS KANNST DU SCHON!

- Was ist das?
- ○ Das ist ein Buch.

- Wie heißt das auf Deutsch?
- ○ Der Stift.

- Ist das ein Füller?
- ○ Nein, das ist kein Füller. Das ist ein Kuli.

- Wie ist die Schultasche?
- ○ Die Schultasche ist schwer.

- Wie sind die Bücher?
- ○ Die Bücher sind dick.

- Wie viele Hefte hast du?
- ○ Ich habe drei Hefte.

- Ich brauche einen Stift! Hast du einen Stift?

- Guten Tag. Fünf Bonbons, bitte.
- ○ Hier, bitte. 1 Euro 50.

GRAMMATIK
mit den Deutschprofis

Nominativ und Akkusativ

Das ist …			Das sind …
der Stift	das Heft	die Schere	die Stifte
ein Stift	ein Heft	eine Schere	– Stifte
kein Stift	kein Heft	keine Schere	keine Stifte
mein Stift	mein Heft	meine Schere	meine Stifte

Ich brauche …			
den Stift	das Heft	die Schere	die Stifte
einen Stift	ein Heft	eine Schere	– Stifte
keinen Stift	kein Heft	keine Schere	keine Stifte
meinen Stift	mein Heft	meine Schere	meine Stifte

haben

ich	habe
du	hast
er / sie / es	hat
sie	haben

Ich brauche keinen Glücksbringer.

Ich habe einen Hund!

ein Heft, zwei Hefte, drei Hefte

–	-e	̈-e	̈-er	-n / -en	-s
der Pinsel	das Heft	der Ball	das Buch	die Brille	der Kuli
die Pinsel	die Hefte	die Bälle	die Bücher	die Brillen	die Kulis

Schreib eigene Beispiele.

SPIELWIESE

1.58 **GEDICHT** **Hör zu. Lies mit. Mal ein Bild zum Gedicht.**

Ich nehme in die Schule mit ...

Ich nehme in die Schule mit
wie immer viele Bücher,
einen Kuli, einen Spitzer
und ein paar Taschentücher.

Fünf Hefte, Stifte, Luftballons,
ein Mäppchen, ein Lineal
und dann noch meine Kaubonbons,
ein Stofftier, einen Schal.

Ich brauche noch ein Comicheft
und einen kleinen Ball.
Ach ja und eine Schokolade
brauche ich auf jeden Fall.

RÄTSEL **Wer weiß es noch? Welche Farbe hat ...**

der Fahrradhelm in der Lektion?
der Glücksbringer von Marie?
die Trinkflasche am Anfang?

D-A-CH **Lest den Text. Was nehmen die Kinder in eurem Land am ersten Tag in die Schule mit?**

Die Schultüte

Elisa ist 6 Jahre alt. Sie kommt in die Schule. Wie alle Kinder in Deutschland bekommt sie am ersten Schultag eine Schultüte. Was ist da drin? Kleine Geschenke für die Schule: Stifte, Spitzer, Radiergummis ... Und ganz viele Bonbons und Schokolade.
Einen Glücksbringer hat sie natürlich auch: einen kleinen Hund. Der kommt auch mit in die Schule.

MACH DICH FIT 1–6

HÖREN

1 **Du hörst fünf kurze Gespräche.**
1.59 **Wähl für die Aufgaben 1 bis 5 ein passendes Bild aus A bis H.**

1. Maja
2. Emily
3. Jannis
4. Robbie
5. Carlo

A

B

C

D

E

F

G

H

2 **Hör die Gespräche noch einmal.**
Wähl für die Aufgaben 1 bis 5 die richtige Lösung a, b oder c.

1. Maja lernt Deutsch mit
   a. Leo. b. Felix. c. Lea.
2. Emilys Schwester ist schon
   a. 12. b. 6. c. 16.
3. Die Kinder sehen
   a. eine Katze. b. zwei Katzen. c. Pauls Katze.
4. Die Mutter gibt Robbie
   a. ein Heft. b. 1 Euro. c. 2 Euro.
5. Das Auto kommt
   a. aus Deutschland. b. aus der Schweiz. c. aus Österreich.

LESEN

1 **Schüler aus deiner Partnerschule in Deutschland stellen sich vor. Lies bitte die Beschreibungen. Was ist richtig und was ist falsch?**

(1) Mein Name ist Laura Gerst. Ich bin 12 und wohne in Köln-Riel, in der Barbarastraße. Mein Hobby ist Musik. Ich spiele zwei Instrumente, Gitarre und Klavier. Klavier spiele ich schon 5 Jahre und Gitarre erst 2 Jahre. Ich übe jeden Tag. Meine zwei Freundinnen, Britta und Yvonne, kommen oft zu mir und wir machen den ganzen Tag Musik. Wir schreiben Texte und komponieren Songs. Ich möchte einmal Sängerin werden, so berühmt wie Rihanna oder Taylor Swift. Die beiden mag ich am liebsten.

(2) Ich heiße Fabian Lang und komme aus Köln. Ich gehe in die Klasse 4b der Grundschule Astrid Lindgren. Ich mache gern Sport, besonders Fußball. Meistens spiele ich im Mittelfeld, aber ich kann auch im Tor stehen. Im Verein, wo ich spiele, trainieren noch ca. 30 Jungen. Und wir sind alle Fans vom 1. FC Köln. Mit meinem älteren Bruder gehe ich oft ins Stadion und sehe mir fast jedes Spiel vom 1. FC Köln an.

Beschreibung 1

	richtig	falsch
1. Laura spielt schon 5 Jahre Gitarre.		
2. Laura macht Musik mit ihren Freundinnen.		
3. Lauras Lieblingssängerinnen sind Taylor Swift und Rihanna.		

Beschreibung 2

	richtig	falsch
4. Fabian macht viel Sport, aber Fußball mag er nicht.		
5. Fabians Lieblingsmannschaft ist der 1. FC Köln.		
6. Fabians Bruder geht nicht zum Fußball.		

2 **a. Lies bitte die fünf Anzeigen. Ergänze die Wörter.**

Schwimmschule · Musikschule · Tanzschule · Reitschule · Malschule

1

MAGST DU MUSIK UND RHYTHMUS? Dann bist du bei uns genau richtig! In unserer ______ lernst du nicht nur Tango, Walzer oder Salsa. Wir tanzen auch Choreografien von Stars wie Justin Timberlake. Wir üben regelmäßig und tanzen auf großen Festen.

2

REITEN IST EIN GROSSER SPASS – NICHT NUR FÜR COWBOYS.

In der ______ „Ponyhof" lernen Mädchen und Jungen viel: Wie sitzt man auf einem Pferd? Wie steigt man auf das Pferd? Wie spricht man mit dem Pferd? Ihr pflegt und füttert die Tiere und findet viele neue Freunde. Die Reitausrüstung bekommt ihr von uns.

3

Finde heraus, welches Instrument zu dir passt.

Bei unseren Schnupperstunden kannst du alle Instrumente ausprobieren. Erfahrene Musiklehrer helfen dir, dein Lieblingsinstrument zu finden. Du kannst später auch im Kinderorchester mitspielen. Unsere ______ organisiert viele Konzerte.

4

MÖCHTEST DU PORTRÄTS ZEICHNEN ODER LANDSCHAFTEN MALEN WIE EIN GROSSER MALER? IN UNSERER ______ KANNST DU VIELE VERSCHIEDENE TECHNIKEN UND MATERIALIEN AUSPROBIEREN. BRING EINFACH EINEN MALBLOCK UND PINSEL MIT.

5

Du kannst noch nicht schwimmen und möchtest es gern lernen? Du möchtest im Wasser Ball spielen, springen und tauchen?

Dann komm in unsere ______. Unsere Schwimmlehrer zeigen dir die richtige Schwimmtechnik. So bekommst du Sicherheit im Wasser.

b. Ordne die Fotos zu.

c. Such zu jeder Schule Schlüsselwörter im Text.

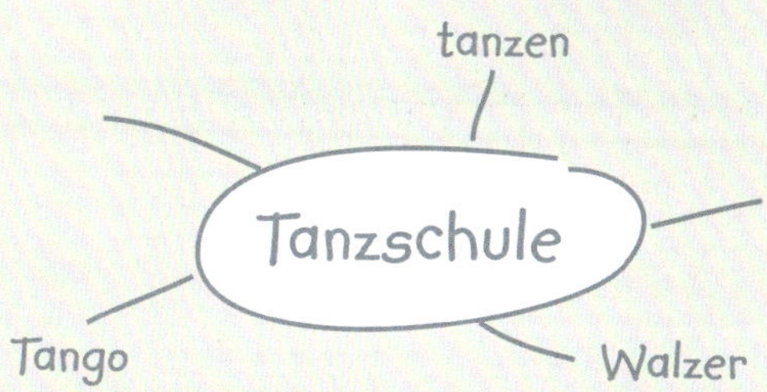

SCHREIBEN

1 a. Was schreibt Anne? Schreib die SMS richtig.

Hallo Anne,
wie geht's dir?
Deine Lea

Hallo Lea, mir
geht's super!
Ich spiele
Computerspiele
mit Tobias.

Wer ist Tobias??

Das ist der
Bruder von Carla.
Er ist sehr lustig.
Tschüss, Anne

b. Antworte auf die SMS.

Hallo! Geht's dir gut? Felix

SPRECHEN

1 Stell dich vor.

Name? Alter? Land? Wohnort? Schule? Sprachen? Hobby?

2 Stell Fragen. Antworte auf die Fragen von deinem Mitschüler / deiner Mitschülerin.

Thema: Familie

Name?

Alter?

Hobby?

Thema: Schule

Schultasche?

Freunde?

Lieblingslehrer/in?

ÜBUNGSBUCH

Deine Aufgaben im Übungsbuch

Markiere.
Was passt zusammen? Verbinde.
Was passt? Kreuz an.
Was fehlt? Ergänze.
Sortiere.
Schreib die Wörter auf.
Ordne die Bilder zu.
Ordne den Dialog.
Schreib Sätze.
Schreib in dein Heft.
Schreib einen Text.
Antworte.
Lös das Rätsel.
Such Wörter.
Was passt aus der Liste?
Was passt nicht?

Symbole im Übungsbuch

4 Verweis auf das Kursbuch

Mein Ich-Buch 3 Verweis auf das Portfolio im Anhang

Weitere Übungen auf www.klett-sprachen.de/deutschprofis-online

SO KLINGT DEUTSCH 1

1 **Schreib die Namen richtig.** ↗ 1

JAMA ______

LIFEX ______

ELO ______

UWA ______

2 **In welchen Namen sind die Buchstaben? Such im Kursbuch. Schreib auf.** ↗ 2

1. ___mm___ Emma
2. ___m___ ______
3. ______nn ______
4. ___n___ ______
5. ___tt___ ______
6. ______tz ______, ______

3 **Silbenrätsel: Markiere farbig. Schreib die Namen auf.** ↗ 4

JU MIL LIX RA MA

JA LA LI A FE E

Julia, ______, ______, ______, ______, ______

4 **Lös das Rätsel.** ↗ 7

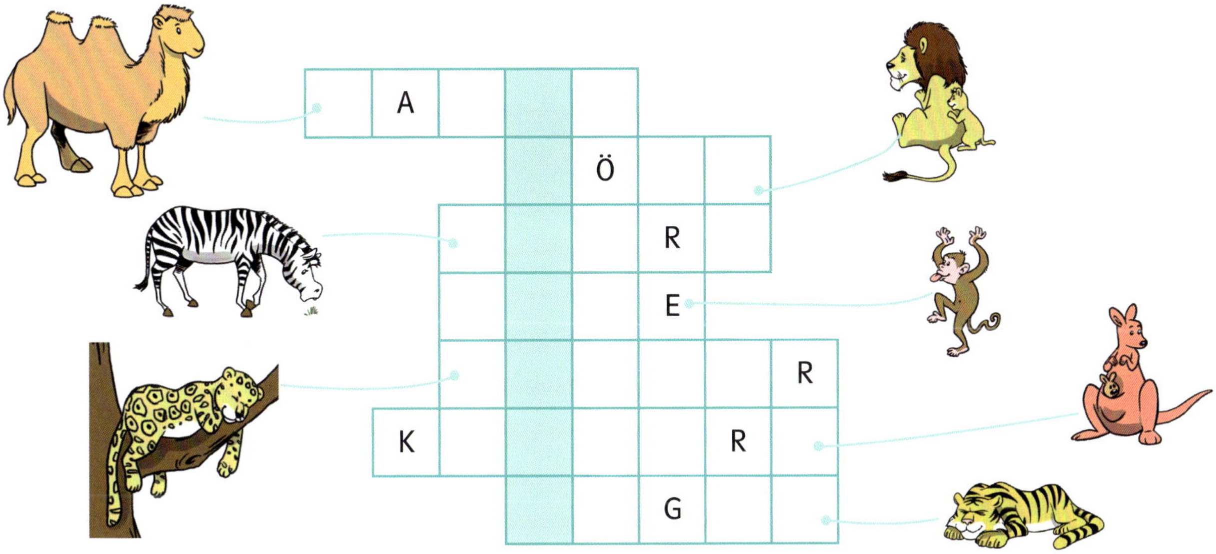

Schreib und mal das Lösungswort. ____________________

5 **Silbenpuzzle: Was passt zusammen? Verbinde. Schreib die Wörter.** ↗ 7

____________________, ____________________, ____________________

6 Sind die Vokale kurz oder lang? Ordne zu. 7

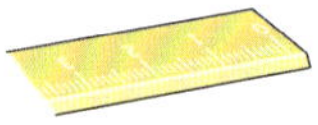

ạ: Elefant, ___

ọ: ___

Affe • Zebra • Tiger • Delfin • Löwe • ~~Elefant~~ • Jaguar • Kamel • Wolf

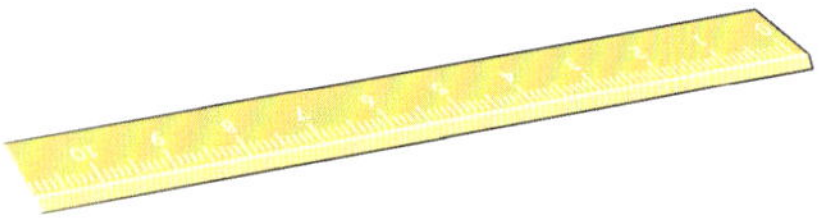

a: ___

e: ___, ___

i: ___, ___

ö: ___

7 a. Was ist richtig? Kreuz an. 8

1. ☐ Lüwe ☐ Löwe ___
2. ☐ Papageu ☐ Papagei ___
3. ☐ Giraffe ☐ Giräffe ___
4. ☐ Streuß ☐ Strauß ___
5. ☐ Känguru ☐ Künguru ___

b. Schreib die richtigen Wörter. Lies vor.

8 Was passt? Verbinde. Schreib das Wort. 9

au

ei

ie

9 **Klein und groß: Such die Buchstabenpaare. Mal mit gleicher Farbe aus.** ↗ 10

10 **Was fehlt? Ergänze.** ↗ 11

A B C ___ E ___ ___ H ___ J ___ ___ ___ N
___ P Q ___ ___ T U V ___ X Y Z

a ___ c d ___ f g h ___ ___ k l ___ ___ o p
___ r ___ ___ u ___ w x ___ ___

11 **Schreib.** 11

ß ß

Strauß

12 **Buchstabiere einen Tiernamen. Dein/e Mitschüler/in schreibt.** 12

we-o-el-ef

13 **Schreib die Wörter richtig.** 14

Poster

1. Pos

Schokolade

2. ______

Auto

3. ______

Comic

4. ______

Foto

5. ______

14 **Verbinde die Buchstaben nach dem Abc.** Tier-ABC

15 **Was ist dein Lieblingsbuchstabe? Mal ein Buchstabenbild.** Tier-ABC

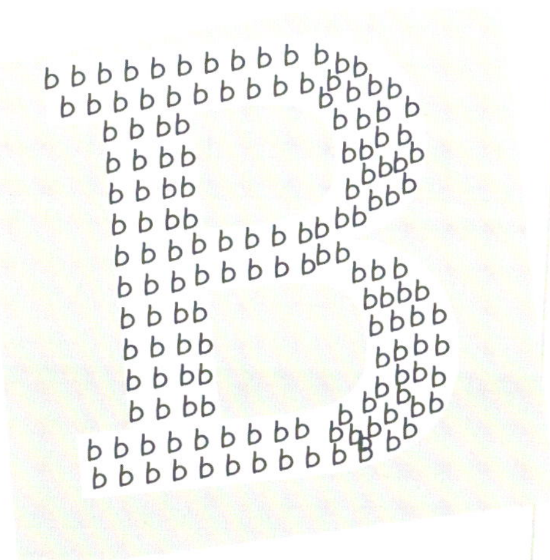

Mein Ich-Buch 1

HALLO, DAS BIN ICH! 2

1 **Was ist auf Deutsch? Markiere.** 1

2 **Was passt? Verbinde.** 5

Guten Tag!

Tschüss!

Auf Wiedersehen!

Hallo!

3 Herr oder Frau? Ergänze. 5

1. ________ Vogel 2. ________ Wolf 3. ________ Löwe 4. ________ Maus

4 Was sagst du? Wähl aus. Ergänze die Sprechblasen. 5

Tschüss, Emma! • Auf Wiedersehen, Herr Schwarz! • Guten Tag, Tom! • Hallo, Frau Schwarz! • Guten Tag, Herr Schwarz! • Tschüss, Tom! • Tschüss, Frau Schwarz!

5 Ordne die Begrüßungen zu. 6

Guten Tag!
Gute Nacht!
Guten Morgen!
Guten Abend!

1 ________

2 ________

3 ________

4 ________

6 Was sagen die Deutschprofis? Schreib auf. ↗ 6

1.

2.

3.

7 Was ist falsch? Korrigiere. ↗ 8

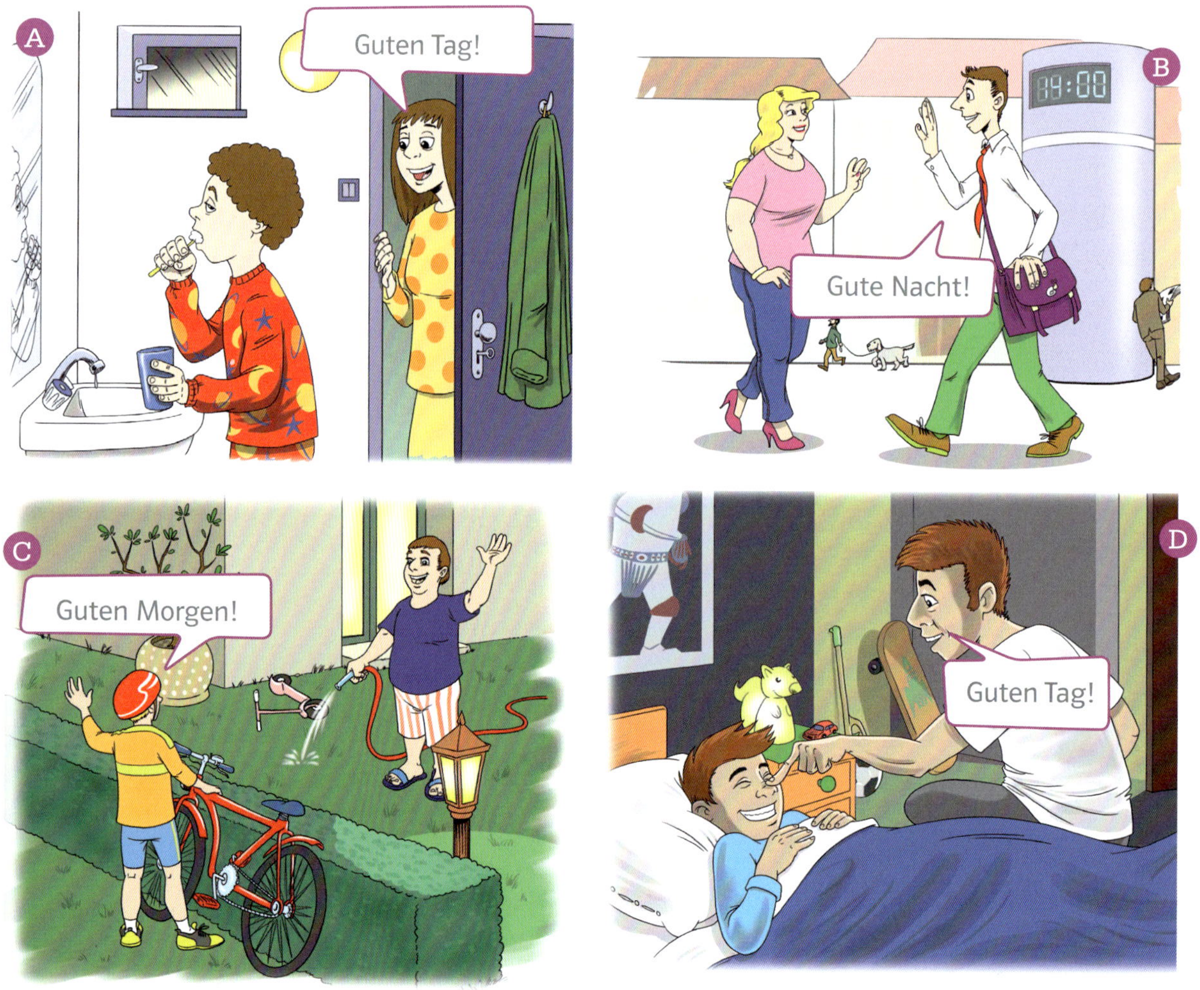

8 Lös das Buchstabenrätsel. Schreib die Dialoge in dein Heft. 10

1. • H♥ll◡! ✸ch b✸n T✸m. ▼nd w⚓r b✸st d▼?
   ○ ✸ch b✸n T◡m.

2. • G▼t⚓n T♥g! W✸⚓ h⚓✸ßt d▼?
   ○ ✸ch h⚓✸ß⚓ L⚓n♥.

♥	=	a
⚓	=	
✸	=	
◡	=	
▼	=	

9 Kreuz die passende Antwort an. 12

1

Hallo!

- [x] Guten Tag!
- [ ] Ich bin Emma.
- [ ] Wer bin ich?

2

Wer bin ich?

- [ ] Tschüss!
- [ ] Du bist Emil.
- [ ] Auf Wiedersehen!

3
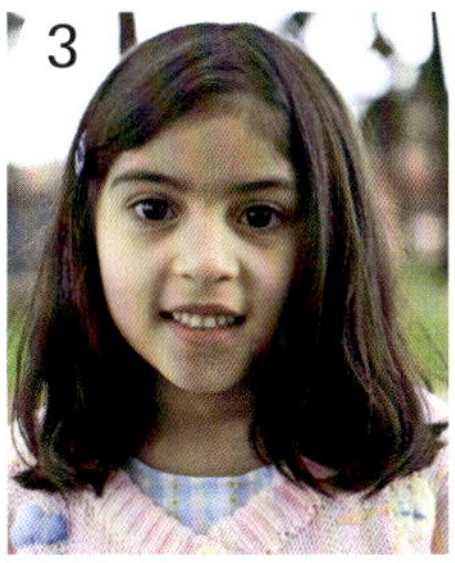
Auf Wiedersehen!

- [ ] Ich bin Tina.
- [ ] Tschüss!
- [ ] Guten Abend!

4
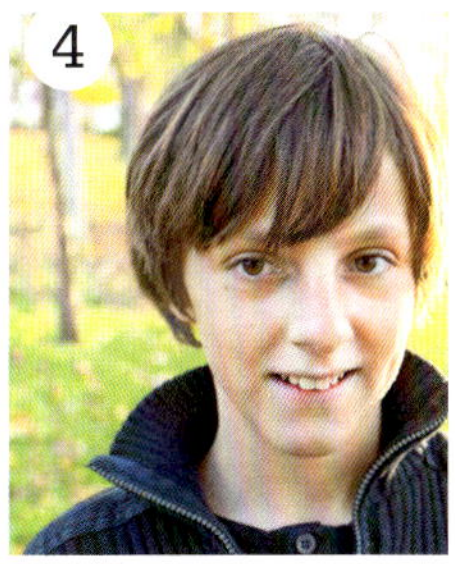
Wie heißt du?

- [ ] Hallo!
- [ ] Gute Nacht.
- [ ] Ich heiße Moritz.

5

Ich bin Max.

- [ ] Ich bin Nico.
- [ ] Und wer bist du?
- [ ] Gute Nacht!

6

Wie heiße ich?

- [ ] Ich bin Ella.
- [ ] Wer bist du?
- [ ] Du heißt Monika.

10 Wer oder wie? Ergänze. ↗ 12

1

Hallo, ich heiße Max. ______ heißt du?

Ich bin Lara. Hallo!

2

Guten Morgen, ich bin Tina. ______ bist du?

Ich heiße Nico.

______ bitte? ______ heißt du?

Nico. Ich heiße Nico.

11 Such eine Lernpartnerin / einen Lernpartner. Würfelt und sprecht. ↗ 12

⚀	⚁	⚂	⚃	⚄	⚅
Anna	Emil	Lotta	Finn	Jan	Julia

- ● Wer bist du?
- ○ Ich bin Jan.

- ● Wie heißt du?
- ○ Ich heiße …

12 Wer ist das? Such im Kursbuch. ↗ 15

1. Das ist ______

2. ______

3. ______

4. ______

13 Schreib die Antwort. 17

14 Ergänze die Dialoge. 17

Das ist Emma. • Auch gut. •
Ich bin Linus. Und du? •
Danke gut. Und dir? •
Ich bin Tim.

1.

- Hallo, wer bist du?
- ○
- ●

2.

- Wer ist das?
- ○

3.

- Hallo, wie geht's?
- ○
- ●

Mein Ich-Buch 2

LERNWORTSCHATZ

Hallo!
Guten Morgen!
Guten Tag!
Guten Abend!

Gute Nacht!
Tschüss!
Auf Wiedersehen!

ich bin
du bist

ich heiße
du heißt

ja
nein
ich
du
und
auch

sehr gut
gut
schlecht

Herr …
Frau …

Wer?
Wie?

Wie heißt du?
Ich heiße Lena.

Wer ist das?
Das ist Frau Weiß.
Wie bitte?

Wie geht's?
Es geht.
Und dir?
Danke, gut.

A **Was sagt man hier? Schreib auf.**

1. Guten ____________

2. ____________

3. ____________

4. ____________

B **Was fehlt? Ergänze.**

1.	2.	3.
Guten Morgen!	______	Tschüss!
Guten Tag!	gut	______
______	schlecht	Gute Nacht!

C **Was passt?**

1. gut ↔ ______ 2. ja ↔ ______ 3. Herr ↔ ______

D **Such Wörter aus der Liste.**

sch	ß	ei	au
schlecht	______	______	______
______		______	______

E **Antworte.**

Mein Lieblingswort:

DAS MACHE ICH GERN 3

1 **a. Was sagen die Deutschprofis?** 2

1

Ich ______________ gern.

2

____

3

____

b. Was machst du gern? Mal ein Bild und schreib.

____

2 **Was passt? Kreuz an. Schreib die Sätze.** 4

Ich	Du		
☐	☒	malst gern.	Du malst gern.
☐	☐	mache gern Sport.	______________
☐	☐	spiele gern.	______________
☐	☐	schwimmst gern.	______________
☐	☐	singe gern.	______________
☐	☐	rennst gern.	______________
☐	☐	schreibst gern.	______________

3 **Such eine Lernpartnerin / einen Lernpartner. Würfelt und sprecht.** ↗ 5

⚀	⚁	⚂	⚃	⚄	⚅
Fußball spielen	Karate machen	tanzen	Musik hören	reiten	Gitarre spielen

- • Was machst du gern?
- ○ Ich spiele gern Fußball.

4 **a. Was machst du nicht gern? Kreuz an und mal aus.** ↗ 5

b. Schreib Sätze.

____

____

5 **Ich auch – ich nicht. Ergänze.** ↗ 5

Du kletterst gern. Ich auch.

Du spielst gern Fußball. ____________________

Du hörst gern Musik. ____________________

Du spielst gern Computerspiele. ____________________

Du skatest gern. ____________________

Du machst gern Musik. ____________________

6 **Wer ist das? Was macht er / sie? Schreib auf.** 7

1. Das ist Marco. Er

2.

3.

4.

5.

6.

7 Wer oder was? Ergänze. ↗ 8

1. **Hanna** reitet. Wer reitet?
2. Leon **macht Karate**. ________ macht Leon?
3. Boris **malt**. ________ macht Boris?
4. **Lara** tanzt. ________ tanzt?
5. Samira **spielt Fußball**. ________ macht Samira?
6. **Max** schwimmt. ________ schwimmt?

8 Sortiere und schreib. ↗ 9

telefoniere, renne, schwimme, skatest, singt, male, machst, schreibst, reitet, spielt, klettert

DU

____
____
____

ICH

male
____
____

ER/SIE

____
____
____

9 Satzmaschine: Schreib Sätze. ↗ 9

Ich		
Du		Fußball.
Lukas	mache	Musik.
Lisa	spielt	Gitarre.
	spiele	Sport.
	hörst	Karate.
	machst	

____
____
____
____
____
____

10 a. Wer sagt das? Ordne zu. ↗ 9

☐ Hallo, ich bin Tina. Ich spiele gern Gitarre. Ich tanze gern. Und ich höre gern Musik.

C

B

☐ Ich bin Kevin. Ich spiele gern Fußball. Ich schwimme gern. Und ich reite gern. Reiten ist toll!

A

☐ Hey, ich bin Sascha. Ich spiele gern Computerspiele. Aber ich mache auch Karate. Und ich skate gern. Skaten ist cool!

b. Wer macht was gern? Schreib in dein Heft.

Das ist Tina. Sie spielt …

11 Ergänze die E-Mail. ↗ 9

Liebe Aylin,

ich heiß*e* Elisa. Ich hör_____ gern Popmusik. Ich spiel_____ auch gut Klavier.

Mein Bruder Moritz hör_____ auch gern Popmusik und er spiel_____ Gitarre. Und er mach_____ gern Sport, besonders Karate.

Und du? Was mach_____ du gern? Hör_____ du gern Musik? Spiel_____ du Gitarre oder Klavier?

Tschüss

Elisa

12 a. Such 7 Zahlen. 12

e	i	n	s	w	s
b	a	e	i	d	e
a	a	u	e	r	c
c	t	n	b	e	h
h	z	w	e	i	s
t	f	ü	n	f	k

1 ☐ ☐ ☐

☐ ☐ ☐ ☐

b. Welche zwei Zahlen von 1 bis 10 fehlen? Schreib auf.

______________ ______________

13 Such die Zahlen im Bild. Schreib sie in Buchstaben. 12

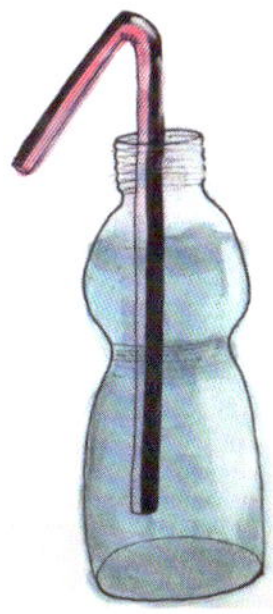

1. ______________ 2. ______________ 3. ______________ 4. ______________

14 Was macht er / sie? Ergänze. 13

Nummer eins ______________

Nummer ______________ telefoniert.

Nummer ______________ spielt ______________

Nummer vier ______________

Mein Ich-Buch 3

LERNWORTSCHATZ

Hobby
Nummer

eins
zwei
drei
vier
fünf
sechs
sieben
acht
neun
zehn

malen
rennen
singen
schreiben
schwimmen
klettern
tanzen
skaten
telefonieren
reiten
lachen

spielen
Fußball spielen
Basketball spielen
Tennis spielen
Computerspiele spielen
Gitarre spielen

machen
Sport machen
Karate machen
Musik machen

hören
Musik hören

er
sie

gern
nicht gern

ich auch
ich nicht

richtig
falsch

Was?

A **Was passt aus der Liste?**

Sport: Klettern, ______

Musik: hören, ______

Nummer: zehn, neun, ______

B **Welche Wörter sind das?**

ierelefonnte ______

benscreih ______

cwimshmen ______

nöher ______

nztaen ______

reneit ______

C **Silbenrätsel: Markiere farbig. Schreib die Wörter auf.**

Mu ball Ka re nis te

tar sik Gi ra Ten Fuß

Musik, ______, ______, ______, ______

D Ergänze mit Hobbys.

S
P
O
R
K L E T T E R N

M A L E N
U
S
I
K

E Ergänze die Zahlenbilder.

F Richtig schreiben: i oder ie?

s_i_ngen | schw___mmen | n___cht
sp___len | v___r | G___tarre
telefon___ren | s___ben | r___cht___g

G Antworte.

Hallo! Was machst du gern?

___

Was machst du nicht gern?

___

Mein Lieblingswort:

MEINE FAMILIE 4

1 **Familienfoto: Ergänze.** 1

2 **Wer ist das? Wie heißt er / sie? Schreib auf.** 3

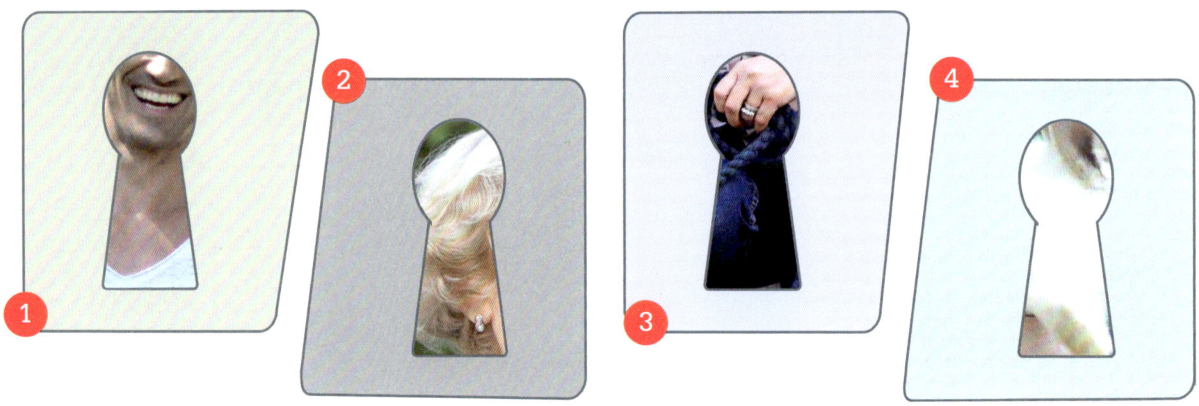

1. Das ist der Vater. Er heißt
2. Das ist
3.
4.

3 Er, sie oder es? Ergänze. 3

1. Das ist der Onkel. Er heißt Emil.
2. Das ist das Baby. ______ heißt Max.
3. Das ist die Mutter. ______ heißt Doris.
4. Das ist der Bruder. ______ heißt Tom.
5. Das ist das Pferd. ______ heißt Gustav.
6. Das ist die Schwester. ______ heißt Emma.

4 Antworte. 4

1. Wie heißen die Eltern? Sie heißen Markus und ______
2. Wie heißen die Kinder? ______
3. Wie heißen die Großeltern? ______
4. Wie heißen die Tiere? ______

5 Verbinde und schreib Sätze. 5

der Papagei	Hoppa
der Bruder	Kiki
der Hase	Hans
das Pferd	Jutta
die Mutter	Jonas

1. Der Papagei von Maja heißt ______
2. ______
3. ______
4. ______
5. ______

6 Ergänze: ? oder . 7

1. Schwimmt Tom gern ☐
2. Die Mutter hört gern Musik ☐
3. Ist das die Oma ☐
4. Heißt die Tochter Ella ☐
5. Der Sohn spielt gern Fußball ☐
6. Die Eltern heißen Doris und Markus ☐

7 Schreib die Fragen. 8

Schwimmst du gern? — Ja, ich schwimme gern.

_______________ — Nein, ich spiele Basketball.

_______________ — Ja, ich telefoniere gern.

_______________ — Nein, ich tanze nicht gern.

_______________ — Ja, ich höre gern Musik.

8 Sortiere und schreib. 9

Mädchen, Hase, Pferd, Baby, Mann, Katze, Frau, Junge, Kuh, Hund

EIN	EINE
Hund	

9 Was ist das? 10

EPDFR

1. Das ist ein Pferd.

UHDN

2. Das ist ein ______

HESA

3. ______

UKH

4. ______

ZATKE

5. ______

ÄDMECHN

6. ______

UJGNE

7. ______

10 Ergänze: der / das / die oder ein / eine? 12

1. Das ist ______ Hund.

Das ist ______ Hund von Sofie.

2. Das ist ______ Katze.

Das ist ______ Katze von Max.

3. Das ist ______ Pferd.

Das ist ______ Pferd von Jule und Ben.

11 **Ergänze: mein / meine, dein / deine.** 13

- Hier ist meine Familie. Das sind ________ Großeltern: ________ Opa und ________ Oma.
- ○ Wie heißt ________ Opa?
- Er heißt Peter und ________ Oma heißt Susanne.
- ○ Und wer ist das? ________ Mutter?
- Ja, das ist ________ Mutter. Sie heißt Andrea. Sie reitet gern.
- ○ Und ________ Vater? Wie heißt er?
- ________ Vater heißt Florian. Er spielt gern Tennis.

12 **a. Such 7 Zahlen von 11 bis 20.** 16

s	i	e	b	z	e	h	n	a
e	d	r	g	a	l	e	i	c
c	e	ö	c	j	f	n	ü	h
h	z	w	o	u	l	b	m	t
z	w	a	n	z	i	g	r	z
e	ö	r	ä	p	k	l	n	e
h	l	b	h	e	u	a	o	h
n	f	ü	n	f	z	e	h	n

17 ☐ ☐ ☐ ☐ ☐ ☐

b. Welche drei Zahlen fehlen? Schreib auf.

____

____

____

13 **Was passt zusammen? Mal mit gleicher Farbe aus.** 16

14 Rechne und schreib die Zahl. 16

1. sieben ______

2. ______

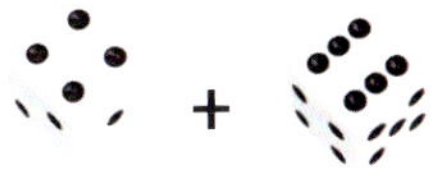

3. ______

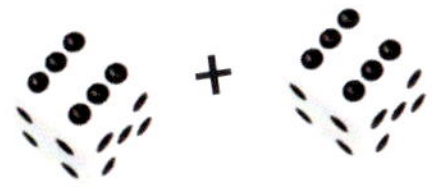

4. ______

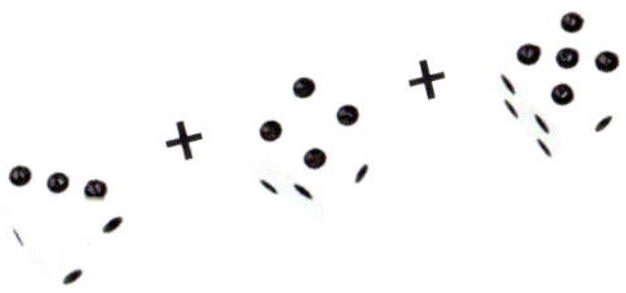

5. ______

6. ______

7. ______

8. ______

15 Was sagt Ajax? Schreib einen Text. 17

Ich heiße ______. Ich bin der Hund ______

______

______

______

HUND VON BEN UND AMELIE

AJAX

SCHWIMMEN

16 JAHRE

RENNEN

BALL SPIELEN

FREUNDIN: KATZE MINKA

Mein Ich-Buch 4

LERNWORTSCHATZ

die Familie
die Eltern
der Vater
die Mutter
das Kind, die Kinder
das Baby
der Bruder
die Schwester
der Sohn
die Tochter
die Großeltern
der Großvater
(der Opa)
die Großmutter
(die Oma)
der Onkel
die Tante

das Tier, die Tiere
das Pferd
die Kuh
der Hase
der Hund
die Katze

der Mann
die Frau
der Junge
das Mädchen
der Freund
die Freundin

es
sie (Plural)

der, das, die
ein, eine
mein, meine
dein, deine

von
oder

die Zahl
elf
zwölf
dreizehn
vierzehn
fünfzehn
sechzehn
siebzehn
achtzehn
neunzehn
zwanzig

9 Jahre alt

A Was passt aus der Liste?

Familie: der Bruder,

Tiere:

B Klatsch die Wörter. Was passt?

Sohn

Toch ter Onkel,

Groß el tern

C Ergänze die Wortpaare.

1. die Mutter • der Vater
2. ______ • der Bruder
3. der Hund • ______
4. die Oma • ______
5. ______ • der Sohn
6. das Mädchen • ______

D Richtig schreiben: groß oder klein?

1. Das ☐aby ☐chwimmt.
2. Leo ☐st mein ☐reund.
3. Wie ☐eißt dein ☐und?
4. Der ☐apagei von Maja ☐ingt.
5. Mein ☐pa ☐pielt ☐itarre.

H O P i S G B F h

E Was passt nicht?

1. Vater • ~~Sohn~~ • Mutter • Eltern • Großeltern
2. Kind • Baby • Tochter • Oma • Sohn
3. Frau • Junge • Schwester • Tante • Freundin
4. Pferd • Hund • Hase • Freund • Katze

F Antworte.

______

______

______

______

Mein Lieblingswort:

5 DAHER KOMME ICH

1 Wie heißen die Länder? Schreib und mal die Flaggen aus. 1

1. ______ 2. ______ 3. ______

2 In oder aus? Ergänze. 3

1. Tanja und Philipp wohnen ______ Hamburg.
2. Sarahs Mutter kommt ______ Lausanne.
3. Paul und Pauline kommen ______ Wien.
4. Emre Mürs wohnt ______ Köln.
5. Ralf Schulz wohnt ______ Berlin.
6. Karolin Gebhardt wohnt ______ Leipzig.

3 Was passt? Ergänze. 3

~~Wer~~ • Wo • Woher • Was • Wie

1. **Emre Mürs** wohnt in Köln. — Wer wohnt in Köln?
2. Sarah Wagner wohnt **in Zürich**. — ______ wohnt Sarah Wagner?
3. Paul und Pauline Eder **klettern** gern. — ______ machen Paul und Pauline gern?
4. Sarahs Mutter kommt **aus Lausanne**. — ______ kommt Sarahs Mutter?
5. Karolin Gebhardt ist **12 Jahre alt**. — ______ alt ist Karolin Gebhardt?

4 Ergänze die Dialoge. 3

lese • ~~liest~~ • spreche • sprichst • spricht (3x) • fahre • fährst • fährt (3x)

1.

- Liest Ralf gern?
- Ja, er ____ gern.

2.

- Spricht Emre nur Deutsch?
- Nein, er ____ Deutsch und Türkisch.
- ____ er gern Fahrrad?
- Ja.

3.

- ____ Sarah nur Deutsch?
- Nein, sie ____ Deutsch und Französisch.
- ____ sie gern Fahrrad?
- Nein, sie ____ gern Ski.

4.

- Und du? ____ du auch gern Ski?
- Nein, ich ____ gern Fahrrad.
- Und liest du gern?
- Ja, ich ____ gern.
- ____ du Deutsch?
- Ja. Ich ____ Deutsch.

5 Kreuz die passende Frage an. 5

1. • Wo wohnt Ralf? ☐
   • Wohnt Ralf in Berlin? ☐
   ○ Ja, er wohnt in Berlin.

2. • Wie alt ist Karolin? ☐
   • Ist Karolin 12 Jahre alt? ☐
   ○ Sie ist 12.

3. • Wer fährt gern Ski? ☐
   • Fährt Sarah gern Ski? ☐
   ○ Sarah Wagner.

4. • Kommen Paul und Pauline Eder aus Köln? ☐
   • Wer kommt aus Köln? ☐
   ○ Ja, sie kommen aus Köln.

5. • Was macht Ralf gern? ☐
   • Skatet Ralf gern? ☐
   ○ Nein, Ralf liest gern.

6 a. Ergänze den Text über Verena. 5

Name: Verena Schwarzkopf
Alter: 10
Stadt: Basel
Land: Schweiz
Sprache: Deutsch und Französisch
Hobby: lesen, Flöte spielen

Name: Julius Petri
Alter: 12
Stadt: Graz
Land: Österreich
Sprache: Deutsch
Hobby: Ski fahren

Name: Milena Sander
Alter: 11
Stadt: Dresden
Land: Deutschland
Sprache: Deutsch und Englisch
Hobby: schwimmen, reiten

Sie heißt *Verena Schwarzkopf*. Sie ist ______________ Jahre alt. Sie kommt aus der ______________. Sie wohnt in ______________. Sie spricht ______________ und ______________. Sie ______________ gern und sie ______________ gern ______________.

b. Schreib noch einen Text in dein Heft.

7 Ein Interview: Schreib die Fragen in dein Heft. 5

Was bist du?

Wie ...?

Woher ...?

Wo ...?

Wie ...?

Was ...?

Ich bin Fußballspieler.

Ich heiße Marco Calamita.

Ich komme aus Italien.

Ich wohne in Stuttgart.

Ich bin 33 Jahre alt.

Ich höre gern Musik.

8 Was fehlt? Schreib auf. 7

sieb- oder sieben-?

37	17	72	87
… unddreißig	… zehn	zweiund … zig	… undachtzig
siebenunddreißig			

sech- oder sechs-?

66	46	16	26
sechsund … zig	… undvierzig	… zehn	… undzwanzig

zwei- oder zwan-?

29	92	23	22
neunund … zig	… undneunzig	dreiund … zig	… und … zig

-zig oder -zehn?

15	50	80	18
fünf …	fünf …	acht …	acht …

9 Rechne und mal das Mandala aus. 7

VIERUNDSECHZIG (blau)
EINUNDZWANZIG (gelb)
SECHSUNDDREISSIG (rot)
ACHTUNDNEUNZIG (grün)
VIERUNDVIERZIG (lila)

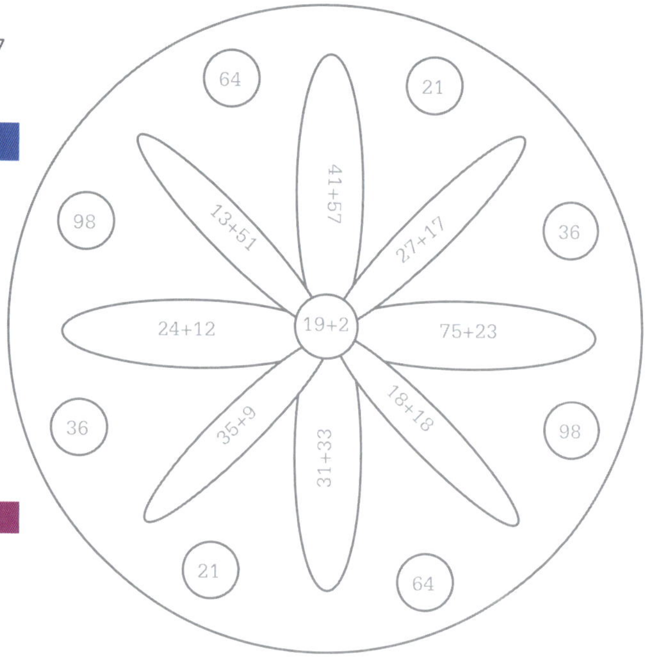

10 Antworte. Schreib in dein Heft. 7

11 Satzmaschine: Schreib Sätze. 12

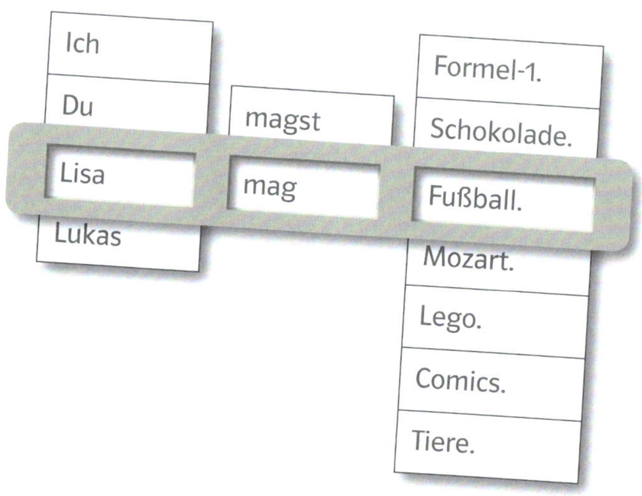

12 FÜR PROFIS a. Ergänze den Text. 12

Sie ________ Emma Schweiger. Sie ________ 12 Jahre alt.

Emmas Mutter kommt ________ Amerika. Emmas Vater kommt ________

Deutschland. Emma ________ Deutsch und Englisch. Emmas

Bruder ________ Valentin. Emmas Schwestern ________ Lilly und Luna.

Emmas Vater ________ Til Schweiger. Er ________ Schauspieler und

Regisseur. Emma ist auch Schauspielerin. Sie wohnt ________ Berlin.

Sie ________ gern Volleyball und sie reitet sehr ________. Und sie ________ Hunde.

b. Was ist richtig? Kreuz an.

Emma Schweiger ist ☐ Musikerin ☐ Sportlerin ☐ Schauspielerin.

13 Was ist richtig? Schreib auf. 14

1. Marco malt nicht.
   Er hört Musik.
2. Carla ________
   ____
3. Tommi ________
   ____

4. Leon ________
   ____
5. Samira ________
   ____

Mein Ich-Buch 5

LERNWORTSCHATZ

Deutschland
Österreich
die Schweiz

der Name
das Alter
die Stadt
das Land
die Sprache
die Telefonnummer
das Auto
der Fan
die Schokolade
der Comic
der Pop

der Schriftsteller
die Schriftstellerin
der Komponist
die Komponistin
der Schauspieler
die Schauspielerin
der Sportler
die Sportlerin
der Fußballspieler
die Fußballspielerin
der Lieblingsspieler
die Lieblingsspie-lerin
der Weltmeister
die Weltmeisterin

kommen
wohnen
sprechen
lesen
Flöte spielen
Klavier spielen
fahren
Fahrrad fahren
Ski fahren
mögen

viel
so

schön

Woher?
Wo?

Woher kommst du?
Ich komme aus Berlin.

Wo wohnst du?
Ich wohne in Berlin.

Wie alt bist du?
Ich bin 9 Jahre alt.

Na klar!

A **Blau, grün oder rot? Unterstreich die Wörter.**

B **Was passt?**

1. aus Deutschland Ko ______
2. Deutsch und Türkisch ______
3. Fahrrad oder Ski ______
4. in Köln ______
5. Flöte ______
6. Schokolade ______

C **Welche Wörter sind das?**

der amNe ______

die ttSad ______

die Secrahp ______

das teArl ______

das dLan ______

D Ergänze die Wortpaare.

1. der Komponist • die ____________________
2. der ____________________ • die Schriftstellerin
3. der ____________________ • die Sportlerin
4. der Fußballspieler • die ____________________
5. der Weltmeister • die ____________________

E Richtig schreiben: o oder ö?

Hall___	Sp___rtler	m___gen
sch___n	___sterreich	w___hnen
s___	telef___nieren	Fl___te

F Ergänze: Wo oder Woher?

1. • ________ wohnst du?
   ○ In Bonn.
   • ________ ist Bonn?
   ○ In Deutschland.

2. • ________ kommen deine Großeltern?
   ○ Aus Österreich.

3. • ________ kommt das Auto?
   ○ Aus München.

G Antworte.

Hallo! Wie heißt du? ____________________

Wie alt bist du? ____________________

Woher kommst du? ____________________

Wo wohnst du? ____________________

Sprichst du Deutsch? ____________________

Mein Lieblingswort: ____________________

MEINE 6 SCHULSACHEN

1 **Lös das Rätsel.** 1

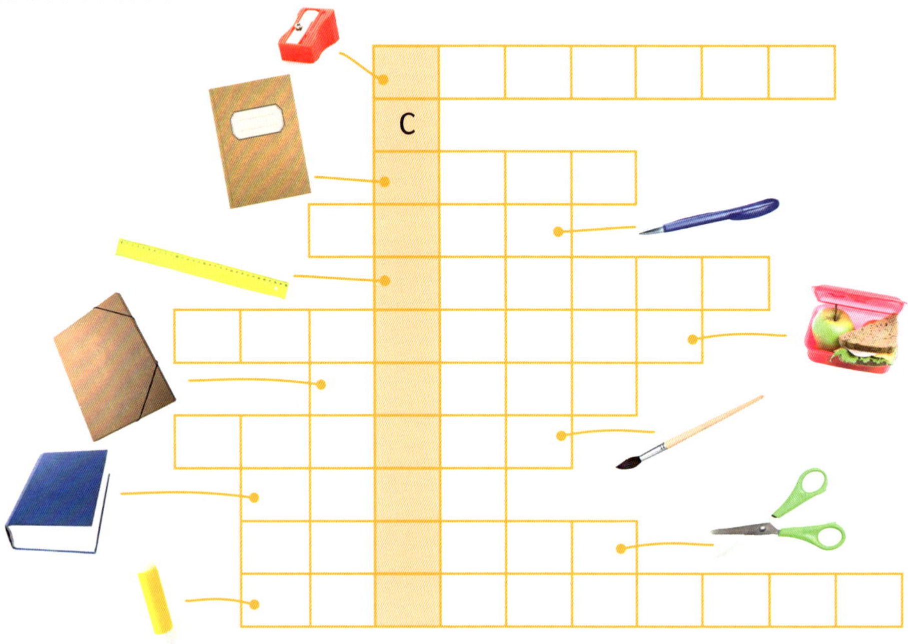

Lösungswort: ______________________

2 **Schreib die Wörter in die Schultaschen.** 1

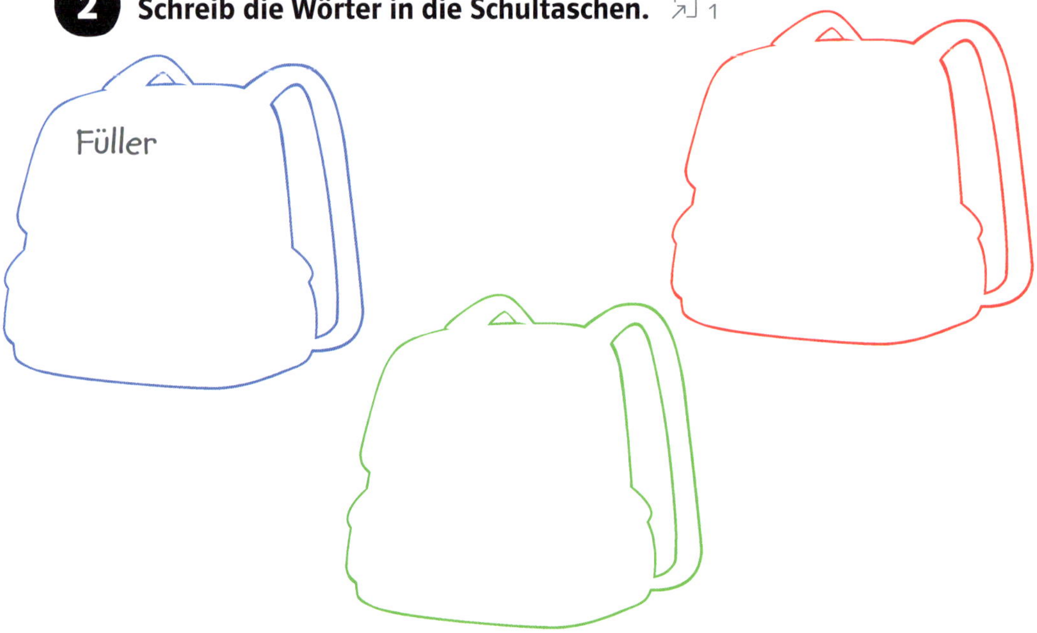

~~Füller~~ • Heft • Pinsel • Lineal • Trinkflasche • Klebestift • Spitzer • Kuli • Malkasten • Schere • Brotdose • Mäppchen • Block • Buch • Radiergummi

3 **Was ist im Mäppchen? Was fehlt? Schreib Sätze in dein Heft.** 2

1.

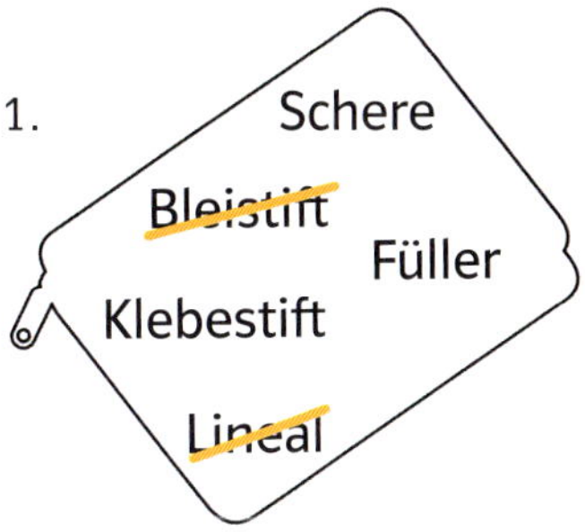

2.

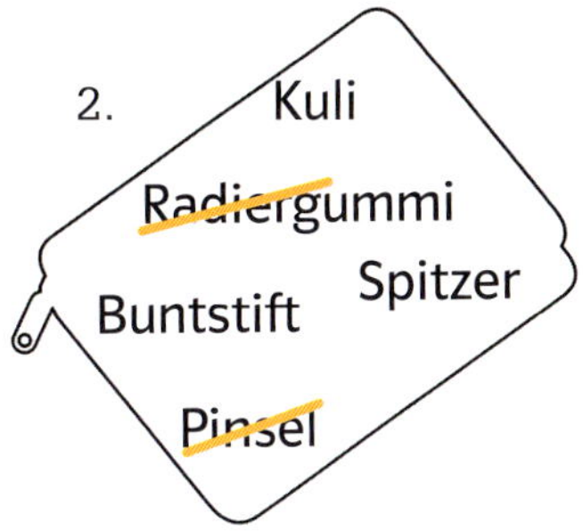

Im Mäppchen 1 ist eine Schere. Im Mäppchen 2 ist kein Pinsel.

4 **a. Schreib die Farben.** 4

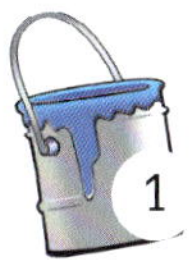

______

______

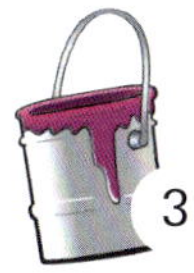

______

______

______

______

b. Mal das Bild mit den Farben von oben aus. Schreib fünf Sätze in dein Heft.

Die Schultasche von Felix ist ...

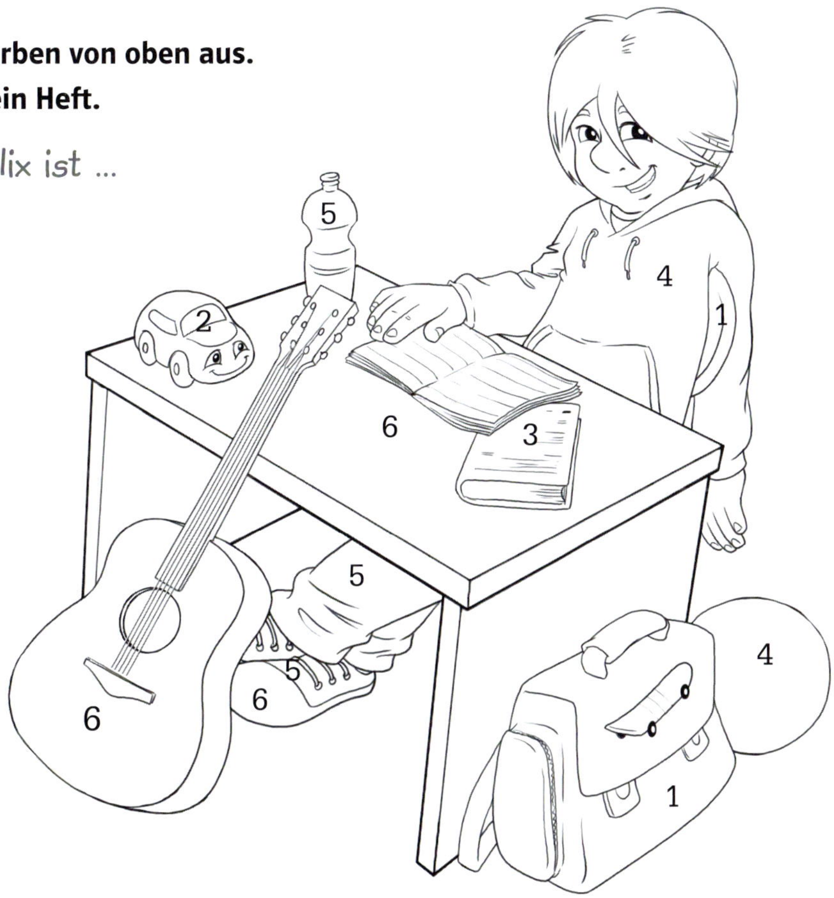

5 Schreib die Antwort. 5

1. Wie ist das Buch? (dick / dünn)

   Das Buch ist dick.

2. Wie ist der Hund? (klein / groß)

   Der Hund ist ______

3. Wie ist das Auto? (leicht / schwer)

   ______

4. Wie ist die Zahl? (kurz / lang)

   ______

5. Wie ist der Fußball? (rund / eckig)

   ______

6 Wie sind deine Schulsachen? 6

1. Wie ist deine Schultasche?

   Meine Schultasche ist ______ und ______

2. Wie ist dein Mäppchen?

   Mein Mäppchen ______

3. Wie ist dein Spitzer?

   ______

4. Wie ist deine Brotdose?

   ______

5. Wie ist deine Trinkflasche?

   ______

6. Wie ist dein Lineal?

   ______

7 **Ergänze.** 7

1. ● Ist das  ein Buch?

   ○ Nein, das ist  kein Buch.

   ● Was ist das?

   ○ Das ist  ein ____________

2. ● Ist das ____________

   ○ Nein, das ist  ____________

   ● Was ist das?

   ○ Das ist  ____________

3. ● Ist das  ____________

   ○ Nein, das ist  ____________

   ● Was ist das?

   ○ Das ist  ____________

4. ● Ist das  ____________

   ○ Nein, das ist  ____________

   ● Was ist das?

   ○ Das ist  ____________

8 **FÜR PROFIS** **Schreib die Frage.** 7

1. Was ist das? — Das ist ein Radiergummi.
2. ____________ — Nein, das ist kein Mäppchen.
3. ____________ — Das Dingsda heißt Block.
4. ____________ — Ja, das ist mein Fahrrad.
5. ____________ — Der Kuli ist im Mäppchen.
6. ____________ — Der Bleistift ist blau.

9 **Satzmaschine: Schreib Sätze.** ↗ 8

	den	Fahrrad.
	das	Hund.
Ich brauche	die	Schere.
		Buch.
		Spitzer.
		Trinkflasche.

Ich brauche die Schere.

10 **Was brauchst du? Schreib auf.** ↗ 9

1. Ich male ein Bild. Ich brauche einen Block, einen Malkasten,
2. Ich lerne Deutsch.
3. Ich lese.
4. Ich mache Musik.
5. Ich spiele Fußball.
6. Ich fahre Fahrrad.

11 **Was hat Julia? Schreib auf.** ↗ 9

Julia hat ein Lineal und

Sie hat auch

Sie hat kein

Und sie hat auch kein

12 a. Zähl und schreib. 12

Schultasche	5
Radiergummi	
Mäppchen	
Buch	
Klebestift	
Schere	
Lineal	
Spitzer	

b. Ergänze.

fünf Schultaschen　　____ Radiergummi__　　____ Spitzer__

____ Mäppchen__　　____ Klebestift__　　____ Schere__

____ Buch__　　____ Lineal__

13 Ordne den Dialog. Schreib den Dialog in dein Heft. 13

- [ ] ● Oh! Dann brauche ich ein Heft.
- [ ] ● Ja, danke.
- [ ] ○ Neunzig Cent, bitte.
- [1] ● Guten Tag!
- [ ] ● Danke. Auf Wiedersehen!
- [ ] ● Ich brauche einen Klebestift.
- [ ] ○ Hier, bitte. Ist das alles?
- [ ] ○ Hallo! Was brauchst du?
- [ ] ○ Ich habe keinen Klebestift.

Mein Ich-Buch 6

LERNWORTSCHATZ

die Schulsachen (Plural)
die Schultasche
das Heft
das Buch
der Füller
der Kuli
der Bleistift
der Buntstift
der Radiergummi
der Block
die Mappe
die Brotdose
die Trinkflasche
der Malkasten
der Pinsel
das Mäppchen
der Spitzer
das Lineal
die Schere
der Klebestift

der Ball
der Schlüssel
die Brille
der Taschenrechner
der Computer
das Handy
das Foto
der Fahrradhelm
das Bonbon
das Dingsda

lernen
rechnen
fotografieren
haben
brauchen
kaufen

die Farbe
rot
gelb
blau
grün
schwarz
weiß
braun
grau
rosa
lila
orange

Wie viele?

kein, keine
mit
hier
da

klein
groß
dünn
dick
kurz
lang
leicht
schwer
rund
eckig

Was ist das?
Wie heißt das auf Deutsch?
Das bringt Glück.
Ist das alles?

A **Blau, grün oder rot? Unterstreich die Wörter.**

B **Welche Wörter sind das?**

der aaMstelkn ____

der rideRmiamgu ____

der itSerpz ____

die Sherce ____

der kBocl ____

das chuB ____

C Was passt aus der Liste?

Mäppchen: ______

Schultasche: ______

D Schreib das Gegenteil.

1. Klein ist nicht ______
2. Rund ist nicht ______
3. Leicht ist nicht ______
4. Lang ist nicht ______
5. Eckig ist nicht ______
6. Schwer ist nicht ______
7. Groß ist nicht ______
8. Dünn ist nicht ______

E Welche Farben passen?

das Bonbon: ______

der Ball: ______

die Schokolade: ______

der Hund: ______

das Handy: ______

F Antworte.

SPIEL **Wechselspiel**

Spielt zu zweit. Fragt und antwortet.
Ergänzt die Tabelle.

Beispiel: Spieler/in A: Woher kommt Ada?
Spieler/in B: Sie kommt aus Österreich.

SPIELER/IN A

	MIA	ADA	MORITZ	ANNA UND ANTON	FELIX	JAN UND JULIA
Woher kommt / kommen ...?	Deutschland			Österreich	Schweiz	
Wo wohnt / wohnen ...?		Linz			Zürich	Bremen
Wie alt ist / sind ...?		10	10	11		
Was macht / machen ... gern?	reiten		Computer-spiele spielen			schwimmen
Was mag / mögen ...?	Filme			Comics	Pop-Musik	
Welche Sprachen spricht / sprechen ...?		Deutsch und Türkisch	Deutsch und Französisch			Deutsch

MIT SPIEL ANS ZIEL 1–6

SPIELER/IN B

	MIA	ADA	MORITZ	ANNA UND ANTON	FELIX	JAN UND JULIA
Woher kommt / kommen ...?		Österreich	Schweiz			Deutschland
Wo wohnt / wohnen ...?	Berlin		Basel	Innsbruck		
Wie alt ist / sind ...?	9				10	12
Was macht / machen ... gern?		Karate		skaten	Fußball spielen	
Was mag / mögen ...?		Sport	Lego			Tennis
Welche Sprachen spricht / sprechen ...?	Deutsch			Deutsch	Deutsch und Englisch	

SPIEL **Würfelspiel: Vor oder zurück**

Spielt zu viert.

Würfelt und löst die Aufgabe.

Richtig? – Der / die nächste Spieler/in würfelt.

Falsch? – Geh auf dein Feld zurück und würfle noch einmal.

Der / die Spielleiter/in kontrolliert die Lösung (S. 120).

START

1 Wer bist du? Sag drei Sätze.

2 Was sagen die Kinder?

3 Buchstabiere deinen Namen.

14 Der, das oder die?

_____ Katze

_____ Pferd

_____ Hund

13 Der Großvater und die Großmutter sind …

12 Nenn drei Familienwörter mit *der* und drei Wörter mit *die*.

15 Zähl von 11 bis 20.

16 Wie heißen die Länder?

D – A – CH

17 Ergänze die Fragen:

_____ kommst du?

_____ wohnst du?

18 Nenn drei Sprachen

26 Antworte:

Ist das ein Stift? – Nein, das …

Sind das Hefte? – Nein, …

25 Der, das oder die?

_____ Buch

_____ Stift

_____ Lineal

_____ Trinkflasche

_____ Schere

27 Welche Zahlen fehlen?

10, 20, ____, ____, ____,

60, ____, ____, ____, 100

28 Nenn fünf Farben.

29 Ergänze:

Der Ball ist ____________,

____________ und

____________.

MIT SPIEL ANS ZIEL 1–6

4

Wer ist das?
Stell deine/n
[M]itspieler/in vor.

5

Wie geht's dir?
Antworte auf die Frage.

6

Was machst du gern?
Nenn drei Aktivitäten.

7

Was macht Lia gern?
Was nicht?

☺ Musik hören ☹ tanzen

8

Zähl von 1 bis 10.

9

Sag dein Alter.

10

Frag deine/n Mitspieler/in
nach dem Alter.

… von 10 bis 1
[rü]ckwärts.

19

Wie heißen die Zahlen?

27, 35, 42, 58, 86

20

Sag deine
Telefonnummer.

21

Ergänze das Verb *mögen*:

Ich ______ Lego.

Du ______ Musik.

Peter ______ Fußball.

22

Bilde einen Satz:

nicht • mein Freund •
in Leipzig • wohnt

23

Ergänze das Verb *lesen*:

Leonie ______ gern.

Anton ______ nicht gern.

Und du? ______ du gern?

24

Ergänze das Verb *reiten*:

ich ______________

du ______________

er / sie ______________

30

Ergänze die Pluralform:

ein Bonbon • zehn ______________

ein Ball • drei ______________

eine Schere • zwei ______________

ein Bleistift • fünf ______________

ein Schlüssel • zwei ______________

ZIEL

LÖSUNGEN ZUM WÜRFELSPIEL

Würfelspiel: Vor oder zurück

1. Ich heiße … Ich bin … Jahre alt. Ich komme aus … Ich wohne in … Ich mag …

2. Hallo! / Guten Tag! Auf Wiedersehen! / Tschüss!

4. Das ist … / Er / sie heißt … Er / sie ist … Jahre alt. Er / sie wohnt in … Er / sie mag …

5. Danke, sehr gut / gut / schlecht. / Es geht.

6. z. B. Ich lese gern. Ich schwimme gern. Ich fahre gern Fahrrad. Ich höre gern Musik.

7. Lia hört gern Musik. Lia tanzt nicht gern.

8. eins, zwei, drei, vier, fünf, sechs, sieben, acht, neun, zehn

9. Ich bin … Jahre alt.

10. Wie alt bist du?

11. zehn, neun, acht, sieben, sechs, fünf, vier, drei, zwei, eins

12. z. B. der Vater, der Opa, der Onkel, der Bruder; die Mutter, die Oma, die Schwester, die Tante

13. die Großeltern

14. die Katze, das Pferd, der Hund

15. elf, zwölf, dreizehn, vierzehn, fünfzehn, sechzehn, siebzehn, achtzehn, neunzehn, zwanzig

16. Deutschland, Österreich, Schweiz

17. Woher kommst du? Wo wohnst du?

18. z.B. Deutsch, Englisch, Türkisch, Französisch, Italienisch

19. siebenundzwanzig, fünfunddreißig, zweiundvierzig, achtundfünfzig, sechsundachtzig

21. Ich mag Lego. Du magst Musik. Peter mag Fußball.

22. Mein Freund wohnt nicht in Leipzig.

23. Leonie liest gern. Anton liest nicht gern. Und du? Liest du gern?

24. ich reite, du reitest, er / sie reitet

25. das Buch, der Stift, das Lineal, die Trinkflasche, die Schere

26. Nein, das ist kein Stift. Nein, das sind keine Hefte.

27. dreißig, vierzig, fünfzig, siebzig, achtzig, neunzig

28. z. B. rot, grün, blau, gelb, orange, schwarz, weiß

29. z. B. Der Ball ist rund, groß und gelb.

30. zehn Bonbons, drei Bälle, zwei Scheren, fünf Bleistifte, zwei Schlüssel

DEUTSCH UND ICH

Das ist dein **Ich-Buch**.

Mach eine schöne erste Seite: Mal Buchstaben, schreib Wörter oder kleb Fotos ein.

WER IST DAS?

BILD

DEIN
FINGER-
ABDRUCK

Das bin ich. Ich heiße

BILD

Das ist Frau , die Deutschlehrerin.

Das ist Herr , der Deutschlehrer.

Was machst du gern? Was machst du nicht gern? Mach Notizen oder mal Bilder.

☺☺

☺

☹

Schreib deinen Text.

Ich … gern. • Ich spiele gern … • Ich … auch gern. •
Ich … nicht gern. • Ich mache nicht gern …

MEINE FAMILIE UND ICH

Wer ist auf deinem Familienbild? Was macht er / sie gern? Mach Notizen.

Schreib deinen Text.

Meine Familie ist groß / klein. • Das ist mein/e … • Mein/e … heißt … • … ist mein Bruder. • … ist die Schwester von … Er / sie … gern. • … ist 15 Jahre alt. • Der Hund von …

Wer ist das? Mach einen Steckbrief.

BILD

STECKBRIEF

Name:

Alter:

Stadt:

Land:

:

:

Stell die Person vor.

Das ist … • … kommt aus … • … wohnt in … •
… ist … Jahre alt. • Er / sie spricht … • Er / sie mag … •
Er / sie ist … • … gern.

MEINE SCHULSACHEN

Was ist in deiner Schultasche?
Mal oder schreib Wörter.

Wie ist deine Schultasche?

Was ist in deiner Schultasche?

Wie viele Hefte und Bücher hast du?

Was nimmst du noch mit?

Was hast du nicht? Was brauchst du?

Hast du einen Glücksbringer?

ALPHABETISCHE WÖRTERLISTE

Hier findest du den Wortschatz von *Die Deutschprofis A1.1*. Eigennamen von Personen und Städten wurden nicht aufgenommen. Zu jedem Wort sind Lektion und Aufgabe angegeben, in der das Wort zum ersten Mal vorkommt. Fett gedruckte Wörter stehen auf der Liste zum *Goethe-Zertifikat A1: Fit in Deutsch 1*.

A

ABC, das L1/10
Affe, der, -n L1/7
Aha! L2/13
alle L1/1
alles L6/14
alt L4/17
Alter, das L5/3
an (wo?) L6/16
auch L2/16
auf Deutsch L6/1
auf jeden Fall L6/SW
Auf Wiedersehen! L2/2
Aufkleber, der, - L6/16
aus L5/1
Auto, das, -s L1/14

B

Baby, das, -s L4/2
Ball, der, Bälle L6/7
Bär, der, -en L1/SW
Basketball, der (Sport) L1/14
bekommen L6/SW
berühmt L5/12
besonders L5/12
bin → sein L2/1
bist → sein L1/10
bitte L3/10
blau L6/3
Bleistift, der, -e L6/1
Block, der, Blöcke L6/1
Blog, der, -s L4/17
bloggen L4/17
Bonbon, der, -s L6/11
brauchen L6/8
braun L6/3
Brille, die, -n L6/7
bringen L6/7
Brotdose, die, -n L6/1
Bruder, der, Brüder L4/3
Buch, das, Bücher L6/1
buchstabieren L1/12
Buntstift, der, -e L6/1

C

Cent, der, - L6/16
Chamäleon, der, - L1/SW
Chat, der, -s L3/17
Comic, der, -s L1/14
Computer, der, - L6/7
Computerspiel, der, -e L3/5

D

daher L5/1
Danke! L2/16
das L4/1
dein, deine L4/13
Delfin, der, -e L1/7
der L4/1
Deutsch, das L1/1
Deutschland L5/1
dick L6/5
die L4/1
Ding, das, -e L6/11
Dingsda, das, -s L6/7
drin L6/SW
du L2/10
dünn L6/5

E

eckig L6/5
ein paar L6/SW
ein, eine L4/10
Elefant, der, -en L1/7
Eltern, die (Plural) L4/4
er L3/7
es L4/3
es geht L2/16
Euro, der, - L6/14

F

fahren, fährt L5/3
Fahrrad, das, -räder L5/3
Fahrradhelm, der, -e L6/7
falsch L3/5
Familie, die, -n L4/1
Fan, der, -s L5/12
Farbe, die, -n L6/3
Film, der, -e L5/12
Filmserie, die, -n L5/12
Fisch, der, -e L1/SW
fit L1/1
Flöte, die, -n L5/3
Formel-1-Fahrer, der, - L5/12
Foto, das, -s L1/14
Fotoalbum, das, -alben L4/17
fotografieren L6/7
Französisch, das L5/3
Frau … L2/2
Frau, die, -en L4/10
Freund, der, -e
Freundin, die, -nen L4/18
Füller, der, - L6/1
Fußball, der (Sport) L3/5
Fußballspieler, der, -
Fußballspielerin, die, -nen L5/12

G

ganze/r/s L1/10
Gedicht, das, -e L6/SW
gelb L6/3
genau L6/3
gern L3/1
Giraffe, die, -n L1/7
Gitarre, die, -n L3/5
Glück, das L6/7
Glücksbringer, der, - L6/16
grau L6/3
groß L6/5
Großeltern, die (Plural) L4/4
Großmutter, die, -mütter L4/1
Großvater, der, -väter L4/1
Grüezi! L2/1
grün L6/3
Gummi, der / das L6/16
gut L2/16
Gute Nacht! L2/6
Guten Abend! L2/6
Guten Morgen! L2/6
Guten Tag! L2/1

H

Haar, das, -e L4/17
haben, hat L6/9
Hallo! L2/1
Handy, das, -s L6/7
hängen L6/7
Hase, der, -n L4/2
Heft, das, -e L6/1
heißen L2/10
Herr ... L2/2
Herz, das, -en L6/16
hier L3/12
Hobby, das, -s L3/5
hören L3/5
Hund, der, -e L1/SW

I

ich L2/1
immer L6/SW
in (wo?) L5/3
international L1/7
Italienisch, das L5/3

J

ja L1/12
Jaguar, der, -e L1/7
Jahr, das, -e L4/17
Junge, der, -n L1/3

K

Kamel, das, -e L1/7
Känguru, das, -s L1/7
Karate, das L3/5
Kater, der, - L1/SW
Katze, die, -n L4/10
kaufen L6/13
kein, keine L6/2

Ketschup, der / das L4/17
Kind, das, -er L4/1
Klasse, die, -n L3/7
Klassenarbeit, die, -en L6/16
Klavier, das, -e L5/12
Klebestift, der, -e L6/1
klein L6/5
klettern L3/5
klingen L1/1
kommen L5/1
Komponist, der, -en
Komponistin, die, -nen L5/12
Krokodil, das, -e L1/7
Kuh, die, Kühe L4/2
Kuli, der, -s (Kugelschreiber) L6/1
kurz L1/2

L

lachen L3/12
Land, das, Länder L5/3
lang L1/2
leicht L6/5
lernen L1/1
lesen, liest L5/3
Lieblingsbuch, das, -bücher L5/12
Lieblingsspieler, der, - L5/12
Liechtenstein L5/1
Lied, das, -er L1/10
lila L6/3
Lineal, das, -e L6/1
Löwe, der, -n L1/7
Luftballon, der, -s L6/SW
lustig L5/12

M

machen L1/1
Mädchen, das, - L1/3
malen L3/1
Maler, der, - L5/Gr
Malkasten, der, -kästen L6/1
Mann, der, Männer L4/10
Mäppchen, das, - L6/1
Mappe, die, -n L6/1
Maus, die, Mäuse L1/8
mein, meine L4/1
mit L1/1
mitkommen, kommt mit L1/1
mitnehmen, nimmt mit L6/SW
mögen, mag L5/12
Möwe, die, -n L1/8
Mücke, die, -n L5/11
Musik, die L3/5
Mutter, die, Mütter L4/1

N

nach (wohin?) L5/11
Name, der, -n L1/2
Nashorn, das, -hörner L1/SW
natürlich L6/16
nein L1/12
nicht L3/5
Nummer, die, -n L3/13

O

Ochse, der, -n L1/SW
oder L3/5
Oma, die, -s L4/2
Onkel, der, - L4/2
Opa, der, -s L4/2
orange L6/3
Österreich L5/1
Österreicher, der, - L5/11

P

Papagei, der, -en L1/7
Pferd, das, -e L4/2
Pinsel, der, - L6/1
Plastik, das L6/7
Pop, der L5/14
Poster, das, - L1/14
prima L2/SW
Profi, der, -s L1/1

Q

Qualle, die, -n L1/SW

R

Radiergummi, der, -s L6/1
Rap, der, -s L1/1
Rätsel, das, - L1/9
rechnen L6/7
Reim, der, -e L5/SW
reiten L3/5
rennen L3/1
richtig L3/5
Robbe, die, -n L1/SW
rosa L6/3
rot L4/17
rückwärts L5/GR
rund L6/5

S

schade L6/15
Schal, der, -s L6/SW
Schauspieler, der, -
Schauspielerin, die, -nen L5/12
Schere, die, -n L6/1
schlau L1/1
schlecht L2/16
Schlüssel, der, - L6/7
Schlüsselbund, der/das, -e L6/16
schnell L5/12
Schokolade, die, -n L1/14
schön L5/12
schreiben L3/1
Schriftstellerin, die, -nen L5/12
Schule, die, -n L6/SW

Schulsachen, die (Plural) L6/1
Schultasche, die, -n L6/1
Schultüte, die, -n L6/SW
schwarz L6/3
Schwein, das, -e L6/16
Schweiz, die L5/1
schwer L6/5
Schwester, die, -n L4/3
schwimmen L3/1
sehr L2/16
sein L2/1
Servus! L2/1
sie L3/7
sie (Plural) L4/4
Silbe, die, -n L1/4
sind → sein L4/3
singen L3/1
skaten L3/5
Ski, der, -er L5/3
so L1/1
Sohn, der, Söhne L4/2
Song, der, -s L5/11
spannend L5/12
Spiel, das, -e L1/5
spielen L3/1
Spitzer, der, - L6/1
Spitzname, der, -n L4/17
Sport, der L3/2
Sportler, der, -
Sportlerin, die, -nen L5/12
Sporttasche, die, -n L6/8
Sprache, die, -n L5/3
sprechen, spricht L3/11
Stadt, die, Städte L5/3
Stofftier, das, -e L6/7
Strauß, der, -e (Tier) L1/7
super L5/12

T

Tante, die, -n L4/2
tanzen L3/5
Tasche, die, -n L6/15
Taschenrechner, der, - L6/7
Taschentuch, das, -tücher L6/SW
telefonieren L3/5
Telefonnummer, die, -n L5/10
Tennis, das L3/7
Tier, das, -e L1/7
Tiger, der, - L1/7
Tochter, die, Töchter L4/2
Trinkflasche, die, -n L6/1
Tschüss! L2/2
Türkei, die L5/3
Türkisch, das L5/3

U

Uhu, der, -s L1/SW
Umlaut, der, -e L1/11
und L1/1

V

Vater, der, Väter L4/1
Verein, der, -e L5/12
viel L5/3
Vogel, der, Vögel L1/SW
Vokal, der, -e L1/2
von L4/5

W

warum L4/17
was L3/2
weiß L6/3
Weltmeister, der, - L5/12
wer L2/10
wie L2/10
Wie bitte? L2/1
Wie geht's? L2/16
Wie viel/e? L6/12
wir L3/12
wo L5/5
woher L5/1
wohnen L5/3
Wolf, der, Wölfe L1/7

Y

Yak, der, -s L1/SW

Z

Zahl, die, -en L3/12
Zebra, das, -s L1/7
Ziege, die, -n L1/8

SW=Spielwiese
GR=Grammatik

Bildquellen Kursbuch

Corbis, Berlin: (Edith Held), **Cover;** (Philippe Lissac /Godong), **13.1;** (KAI PFAFFENBACH/Reuters), **51.1;** Dreamstime.com, Brentwood, TN: (Rtbilder), **46.7;** (Katatonia82), **54;** Fotolia.com, New York: (Popova Olga), **38.1;** (chilly), **57.4;** getty images, München: (Ronald Martinez), **13.6;** Imago, Berlin: (emil umdorf), **20.1;** iStockphoto, Calgary, Alberta: (vgajic), **19.1;** (SINGTO2), **57.3;** (carlosgaw), **61.6;** (Spiderstock), **62.1;** mauritius images, Mittenwald: (Alamy), **67.4;** (Syda Productions), **8;** (Oleg Golovnev), **13.5;** (gcpics), **13.7;** (canadastock), **13.8;** (katatonia82), **13.9;** (Sergey Nivens), **19.2;** (Volt Collection), **20.3;** (Artush), **28.8;** (parinyabinsuk), **30.1;** (Dmitry Morgan), **30.6;** (Air Images), **32.1;** (gpointstudio), **32.2;** (bojanabo), **36;** (little Whale), **36.7;** (Kateryna A.), **36.10;** (redd_pandda), **36.11;** (AlexMaster), **38.2;** (Max Topchii), **46.1;** (Tomasz Trojanowski), **46.2;** (Nicole Gordine), **46.5;** (gorillaimages), **46.6;** (Art Konovalov), **48.1;** (otomobil), **48.2;** (JuliusKielaitis), **48.3;** (Gines Valera Marin), **48.4;** (efecreata mediagroup), **50.1;** (Monsterstock), **50.4;** (wckiw), **50.5;** (Be Good), **50.6;** (Andrei Shumskiy), **50.7;** (Brian J. Abela), **50.8;** (Everett Historical), **51.2;** (Chamille White), **56.3;** (ponsulak), **57.1;** (syaochka), **57.7;** (Poznyakov), **59.1;** (Wallenrock), **59.2;** (wavebreakmedia), **59.3;** (Chukov), **61.4;** (Moolkum), **62.2;** (Gyvafoto), **62.3;** (In Tune), **64;** Thinkstock, München: (Monkey Business Images), **9.1;** (karelnoppe), **9.2;** (Jacek Chabraszewski), **10.1;** (Photodisc), **10.2;** (farakos), **13.1;** (chiravan39), **13.2;** (dvarg), **13.3;** (Comstock Images), **19.3;** (Creatas Images), **20.2;** (shalamov), **25.1;** (shironosov), **25.2;** (moodboard), **25.3;** (mrovka), **25.4;** (SerrNovik), **25.5;** (Nata_Snow), **25.6;** (michele princigalli), **26.1;** (SanneBerg), **26.2, 28.2;** (George Doyle), **26.3;** (Vitaly Sokolovskiy), **26.4;** (Monkey Business Images), **26.5, 36.5, 67.1;** (Digital Vision.), **28.1;** (Antonio_Diaz), **28.3;** (Mike Watson Images), **28.4;** (insagostudio), **28.5;** (Ben Blankenburg), **28.7;** (Jupiterimages), **28.7, 44.1, 59.6;** (u_t_a), **28.9;** (Wojciech Gajda), **28.10;** (Gabriele Maltinti), **30.2;** (Polka Dot Images), **30.3;** (Erik Isakson), **30.4;** (Mikhail Pogosov), **30.5;** (altrendo images), **36.1, 36.2, 36.4, 36.6, 39.9, 41.1, 41.2, 41.3, 41.4;** (Stuart Monk), **36.3, 39.2, 39.11, 39.13;** (Kseniya Abramova), **38.3;** (Oleksiy Mark), **38.4;** (YourNikonMan), **39.1;** (katrinaelena), **39.3;** (acidgrey), **39.4;** (slav), **39.5;** (LUNAMARINA), **39.6;** (Anagramm), **39.8;** (Jani Bryson), **39.10;** (AlexRaths), **39.12;** (Bela Tiberiu Attl), **46.3;** (RTimages), **46.3;** (Dieter Hahn), **57.2;** (Elnur Amikishiyev), **57.5;** (Laboko), **57.6;** (Kamil Macniak), **58.2;** (Anton Prado PHOTOGRAPHY), **58.3;** (Angelika-Angelika), **58.4;** (gemenacom), **58.5;** (karen roach), **58.6;** (rvlsoft), **58.7;** (Devonyu), **58.8;** (FlairImages), **59.5;** (Michael Blann), **61.1;** (Mikko PitkSnen), **61.2;** (iJacky), **61.3;** (utah778), **61.5;** (Digital Vision), **62.2;** (basti_90), **62.5;** (Olena Talberg), **62.6;** (Photick/Odilon Dimier), **66.1;** (Shelly Perry), **66.2;** (BananaStock), **67.2;** (VikaRayu), **67.3;** (Fuse), **67.5;** © PONS GmbH, 2015, **57.8;** Klett-Archiv, Stuttgart: (Andreas Kunz), **55, 56.1, 56.2, 58.1, 60; 45; 46.8;** Stephan Klonk, Berlin: **15, 19.4, 19.5, 21, 22, 27, 35, 37, 39.7, 44.2, 59.4;** Shutterstock, New York: (Planner), **97.1, 97.2;**

Bildquellen Übungsbuch

86, 105 Thinkstock (Ben Blankenburg), München; **86, 105** Shutterstock (Artush), New York; **86, 105** Thinkstock (Mike Watson Images), München; **94** Thinkstock (SanneBerg), München; **108, 111** Shutterstock (Kozini), New York; **108, 111, 113** Shutterstock (Seregam), New York; **108, 111** Shutterstock (Tikta Alik), New York; **108, 111, 113** Shutterstock (Aleksander Krsmanovic), New York; **108, 110, 111** iStockphoto (Oktay Ortakcioglu), Calgary, Alberta; **108, 113** Thinkstock (iJacky), München; **108, 111, 113** Shutterstock (Ingvar Bjork), New York; Corbis (Edith Held), Berlin; **79** Thinkstock (demachi), München; **113** © PONS GmbH, 2015; **110** Thinkstock (Devonyu), München; **87, 94** www.flaticon.com/authors/coucou; **87, 94** www.freepik.com, unbekannt; **102** Thinkstock (Jupiterimages), München; **80, 85, 97** Shutterstock (Planner), New York; **86, 105** Thinkstock (SanneBerg), München; **86, 105** Thinkstock (u_t_a), München; **73** iStockphoto (Rockard), Calgary, Alberta; **74** iStockphoto (s-cphoto), Calgary, Alberta; **76** iStockphoto (Goodluz), Calgary, Alberta; **77.1** Fotolia.com (michaeljung), New York; **77.2** Fotolia.com (Daniel Ernst), New York; **79.1** Shutterstock (Syda Productions), New York; **79.2** Shutterstock (Syda Productions), New York; **79.3** Thinkstock (Todd Warnock), München; **79.5** Thinkstock (Medioimages/ Photodisc), München; **79.6** Thinkstock (Purestock), München; **80.1** Thinkstock (Monkey Business Images), München; **80.2** Thinkstock (karelnoppe), München; **80.3** Shutterstock (Volt Collection), New York; **80.4** Imago (emil umdorf), Berlin; **86.4** Thinkstock (insagostudio), München; **92** www.pixel77.com; **92.1** Thinkstock (altrendo images), München; **92.2** Thinkstock (Stuart Monk), München; **92.3** Thinkstock (Monkey Business Images), München; **92.4** Thinkstock (altrendo images), München; **96** Shutterstock (kryzhov), New York; **97** Shutterstock (Elena Elisseeva), New York; **101.1** Thinkstock (RTimages), München; **101.2** Thinkstock (Bela Tiberiu Attl), München; **101.3** Shutterstock (gorillaimages), New York; **102.1** Thinkstock (SanneBerg), München; **102.2** Thinkstock (George Doyle), München; **103.1** Imago (Pressefoto Baumann), Berlin; **103.2** www.freepik.com; **105.1** ullstein bild (Public Address), Berlin; **108.3** Shutterstock (Slavko Sereda), New York; **108.6** Shutterstock (tale), New York; **108.7** Shutterstock (ILYA AKINSHIN), New York; **109** iStockphoto (CHUYN), Calgary, Alberta; **110.2** Shutterstock (Vicente Barcelo Varona), New York; **110.3** Thinkstock (Rawpixel Ltd), München; **110.5** Shutterstock (Africa Studio), New York; **111.4** Shutterstock (Julia Ivantsova), New York; **111.6** Shutterstock (Chukov), New York; **112** Shutterstock (Tiplyashina Evgeniya), New York; **113.1** iStockphoto (Coprid), Calgary, Alberta; **113.2** Thinkstock (Mikko PitkSnen), München; **113.3** Shutterstock (Ilyafs), New York; **118.1** Fotolia.com (SergiyN), New York; **118.2** Fotolia.com (SergiyN), New York

Audios
Tontechnik und Produktion Gunther Pagel, Top 10 Tonstudio, Viernheim
Aufnahmeleitung Stefanie Plisch de Vega
Sprecherinnen und Sprecher Amélie von Blücher, Frédéric von Blücher, Edgar Diehl, Marvin Floren, Tino Hennersdorf, Maya Jung, Clara Laux, Leander Laux, Titus Mahlberg, Carla Münch, Stefanie Plisch de Vega, Rosmin Schumacher, Sigrun Schumacher, Hans-Peter Stoll, Anke Stößer, Sophia Stößer, Leif Thünker, Emilio Vega, Sofi Vega, Ron Vodovozov
Lied Abc-Lied, Jürgen Schöntges, Mainz (Komposition und Bearbeitung), Karl Allgayer, Mainz (Aufnahme)

Clips
Konzept, Storyboard Cordula Schurig
Produktion media & more, Reutlingen
Geschäftsführer Alexander Müller
Aufnahmeleitung Sigrid Kulik
Illustrationen Zoltán Jécsai, Budapest
Sprecherin und Sprecher Sofi Vega, Ron Vodovozov